— 新版 —

Tillandsia
ティランジア

エアプランツ栽培図鑑

藤川史雄 著

エムピージェー

CONTENTS

はじめに

　私がティランジアに夢中になり栽培を始めてから30年以上経ちました。その間たくさんのティランジアと関わり育ててきましたが、当時からこの植物に関する栽培情報は乏しく、まさに手さぐりの連続でした。あるものは花が咲き、子株を出して殖えたものもあります。一方、少なからず枯らしてしまったものもあります。本書は、そういった私の経験や、ティランジアを愛してやまない人たちから教えてもらったことを元に、栽培に関する情報をできるだけ多く取り上げてみました。

　ティランジアがエアプランツの名で世に知られるようになってから、30年あまりしか経っていません。その間に栽培技術は格段に進歩しましたが、未だ決定的な栽培方法は確立されていないと言っても過言ではないでしょう。

　私はティランジアの栽培は、決して簡単ではないと思っています。「水をあげないで転がしておくだけでよく育つ」という誤った情報を信じてほったらかしにして育たないのは論外ですが、一生懸命育てたけれど腐らせてしまった経験がある人も少なくはないはずです。特殊な環境を生き抜いてきたこの植物の特性を理解していなければ、育たないどころか枯らしてしまうことも多々あると思います。本書を読んでティランジアの特性を理解すれば、「多少手抜きをしても枯れない丈夫な一面を持った植物」「栽培のコツさえつかめばすくすくと成長し、花を咲かせ、子株を出して殖える植物」だということがわかると思います。

　本書を見てティランジアっておもしろそうだと思ったら難しいことは考えずに、とにかく育ててみて下さい。色々な楽しさや発見があると思います。そして、少しでもこの植物の魅力が伝わり、栽培することの楽しさに気付く仲間が増えてくれればと願っています。

藤川史雄

驚くような美しい花を咲かせるのもティランジアの魅力。写真は大きなピンクの花苞に青紫の花を付けるストリクタ（P.130参照）

ティランジアプロフィール

ティランジアという植物

　ティランジアはアメリカ大陸に分布するブロメリア科の植物。原種で600種以上が知られる大きなグループであり、その多くは他の樹木などに着生し、雨や霧などで濡れた葉や根から水を吸収して育つのが大きな特徴です。土に根を下ろさずに成長する様子から、エアプランツ【Air Plants】という名称でも知られています。

　種の多いティランジアは草姿がユニークなものや、美しい花を咲かせるものなどキャラクターは様々。好環境下では花を咲かせ、子株を出し、いきいきと成長していく様子を見せてくれるでしょう。そこでここからは、この愛すべき植物の魅力と上手な付き合い方について紹介していきましょう。

自然分布

　ティランジアの自然分布は、北アメリカ南部〜南アメリカです。細かく見てみると、アメリカ合衆国の南部地域からメキシコ、ドミニカ共和国やキューバなどがある西インド諸島、グアテマラ〜パナマにいたる中米、ベネズエラ〜アルゼンチンにいたる南米と、広範囲に様々な種が分布しています。このように分布が広大で自生する環境も多様なため、上手に栽培するには自生環境を知ることもポイントになります。

········ ティランジアの自然分布 ········

自然環境

　広大なアメリカ大陸に分布するティランジアの仲間は、雨の少ない乾燥地から多雨林など、様々な環境に自生します。また高山の涼しい場所であったり、沿岸部の高温多湿な場所など、種によって自生環境は異なります。さらに樹木に着生するだけでなく、サボテンや岩などのほか、地域によっては民家の屋根や電線などに着生することも。雨の少ない場所では、昼夜の寒暖差などで霧が発生しやすく、植物体が霧や夜露で濡れることで水を摂取します。ここで現地の様子を垣間見てみましょう。

現地写真・情報提供／上野一郎・大美賀 隆

木に着生するティランジア。写真中央部のよく目立つ赤い株は、ブラキカウロス（P.52参照）。それを囲むように*T.fasciculata* var. *densispica*（ファシクラータ・デンシスピカ）が繁茂している。メキシコのユカタン州、チチェンイツァー遺跡にて （photo/I.Ueno）

photo/I.Ueno

樹着生

多くのティランジアが樹木に付着して成長する「樹着生」をします。樹木の樹皮に種子が付着すると発芽・発根して活着し、そこで成長、子株を出して繁茂します。木漏れ日による適度な光量と通風が確保できるため、理想的な環境なのでしょう。写真はマグヌシアナ（P.105参照）。メキシコのオアハカ州にて

photo/I.Ueno

サボテン着生

ティランジアはサボテンの幹などに付くこともあります。写真はサボテンに着生する開花中のファシクラータ（P.73参照）。サボテンが生息する過酷な環境でも、夜露などのわずかな水を効率よく摂取し生き抜いています。メキシコのオアハカ州にて

photo/I.Ueno

岩着生

ティランジアの中には岩などに着生する種もあります。写真はメキシコの固有種である*T. yagulensis*（ヤグレンシス）。銀葉を密生させる独特の草姿に緑花を付ける魅力種です。メキシコのオアハカ州にて

photo/T.Omika

人工物への着生

自生地では電線や建物の屋根など人工物に着生していることも珍しくありません。写真は電線に着生しているレクルヴァータ（P.116参照）。ボールモスとも呼ばれるこの種は繁殖力が旺盛で、現地では電線にびっしりと着生することも。ブラジルのバイーア州にて

ティランジアを知る

ティランジアは種によって植物体の構造にも差があります。下にはベルゲリを例に各器官を示しました。ティランジアの多くは、やや肉厚の葉を持ちます。葉質は硬いものから軟らかいもの、形状は針のように細いものや幅広いもの、短いものから長いものまで種によって異なります。

葉には水を摂り込むためのトリコームという器官があり、これが多い種は葉が白っぽく見えます。種によってはトリコームが少なく、ほとんど目立たないものもあります。

根は植物体を樹皮などに固定させるための重要な器官であり、根からも水や養分を摂り込んでいます。ただし寄生植物ではないので、他の植物から養分を吸収することはありません。

花は繁殖のために必要な器官で、様々な花色、形状があります。花苞が色付く種や、花苞が見えないイオナンタなどは、開花時には葉の色が変化します。これもティランジアの魅力のひとつと言えるでしょう。

ティランジアの各部名称

花
種によって筒状花や三弁花があり、大きさは様々。花色も紫や白、ピンクなど種によって異なる。香りがあるものもある

花苞（かほう）
花の基部にある、花を包んでいる葉

苞葉（ほうよう）
花苞の下にある、花茎に付く葉

葉
光合成をするための大切な器官。種により葉の質感や硬さは異なる。トリコームが多い種は白っぽく見える。開花時に変色する種も多い

茎
茎を有することで、植物体を長く伸ばす役割がある。種類により長さは様々

トリコーム
葉の表面にある水を摂り込むための器官。種によって形が異なり、毛足が長いものや短いものなど様々

根
樹皮や岩などに着生するために大切な器官。水や養分を摂取する役目もあり、着生することで順調に成長する

※写真はティランジア・ベルゲリ

花の魅力

　虫やハチドリなどを誘引して受粉させるために、ティランジアは美しい花を咲かせたり、甘い香りを漂わせたり、葉や花苞を色付かせたりします。ティランジアの開花には植物の巧みな生存戦略が垣間見え、大変興味深いものがあります。

　ティランジアの花は花弁が重なって筒のようになる筒状花と、花弁が開く三弁花に大別できます。花色は紫、白、ピンクが多く、珍しいところでは、赤、黄、こげ茶、緑、青、オレンジなどがあります。花弁を包む花苞の形状・色彩も様々で、花弁よりも花苞が大きく美しい種も多数あります。

真っ赤な花苞と紫の筒状花のコントラストが見事な、ハリシー（P.84参照）

ピンク色の花苞と三弁花がやさしい雰囲気を醸し出す、スークレイ（P.133参照）

緑色の筒状化が印象的なプルモーサ（P.112参照）

花の各部名称

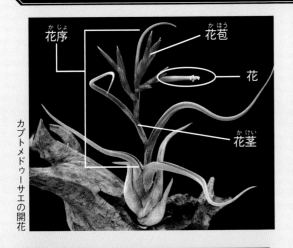

花序（か じょ）
花苞（か ほう）
花
花茎（か けい）

カプトメドゥーサエの開花

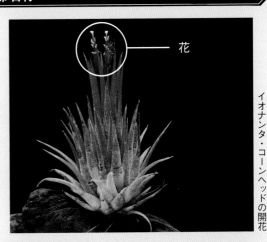

花

イオナンタ・コーンヘッドの開花

筒状花の各部名称

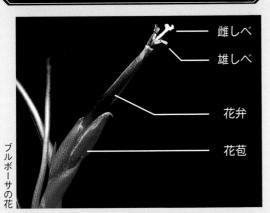

雌しべ
雄しべ
花弁
花苞

ブルボーサの花

三弁花の各部名称

雌しべ
雄しべ
花弁
花苞

ヴェルニコーサの花

トリコームの役割

ティランジアの大きな特徴が「葉から水を摂り込む」ことです。水の摂取は葉の表面にあるトリコーム【trichome】という微細な器官によって行なわれます。トリコームの形状や大きさは種によって異なり、テクトルム（P.134参照）のように、毛状に長いものもあります。また、ブルボーサ（P.54参照）のようにトリコームが小さく散在していて目立たない種もあります。一般にはトリコームが多く植物体が白っぽく見える種は、乾燥に強い傾向があると言えます。

ティランジアはエアプランツとも呼ばれますが、空気中から直接湿気を摂取することはできません。雨や霧、夜露などで植物体が濡れることでトリコームから水を摂取することができるため、栽培時には水やりが必須となります。

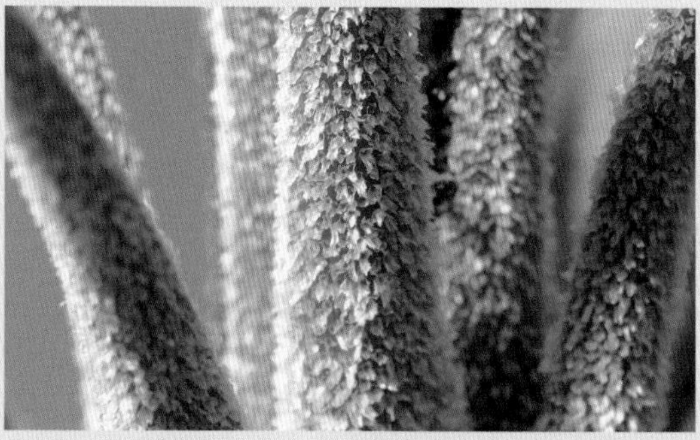

ティランジアが白く見えるのは、吸水装置であるトリコームに覆われているため。種によってその形状や大きさ、数は異なる。写真はイオナンタ・グアテマラ

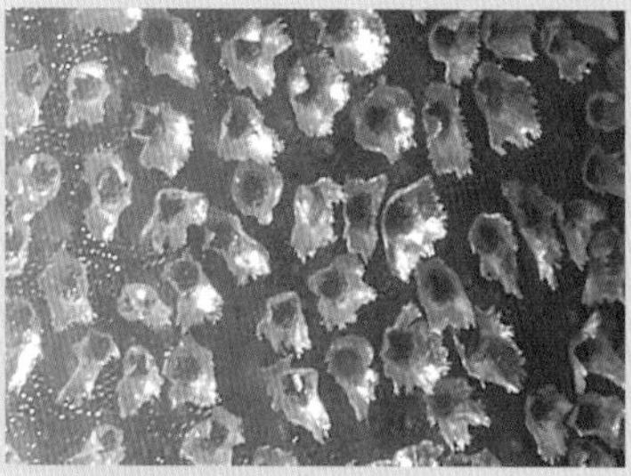

水を集めやすいようにウイングがお椀状になっているのがわかる。写真はイオナンタ・メキシコ（P.87参照）のトリコーム

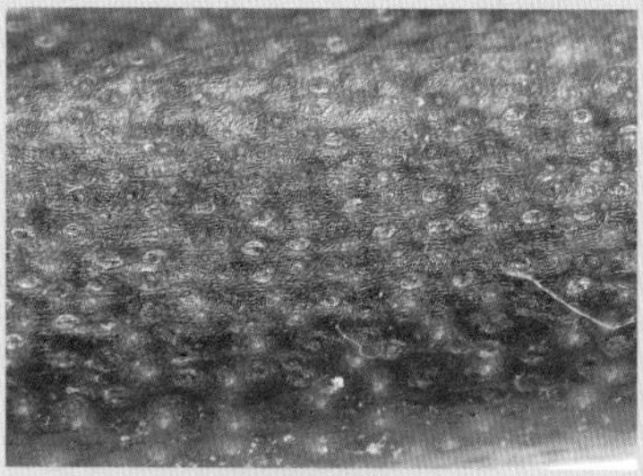

緑葉種として扱われるブルボーサの葉の表面。イオナンタのような大きなウイングを持つトリコームは見られない

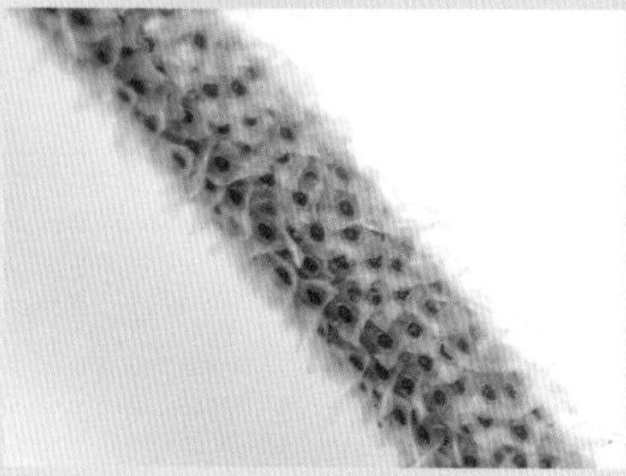

白く見えるウスネオイデス（P.143参照）の葉表には、長いウイングを持つトリコームが鱗状に密生しているのがわかる

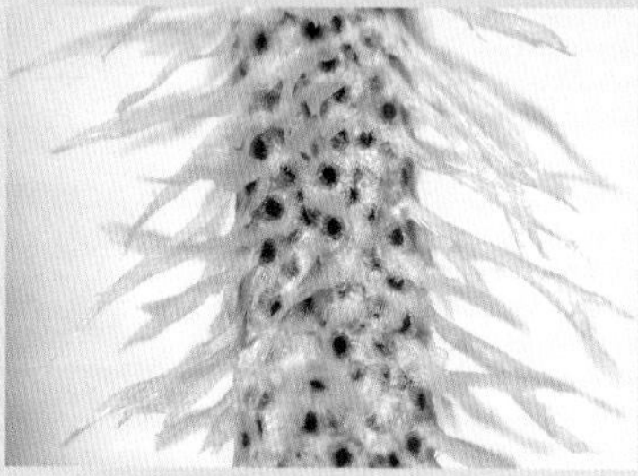

テクトルムのトリコーム。ウイングの一部分が長くなっているのがわかる。乾燥地帯で少しでも多くの水を集めようと進化したのだろう

……… トリコームのメカニズム ………

トリコームは拡大すると円形で魚の鱗のような形状をしており、葉の表面に張り付いています。外周にはウイングと呼ばれる器官があり、水を集める効果があります。テクトルムなどのトリコームが長い種はウイングの一部が極端に長くなっており、微量の水も集めようと進化したのでしょう。乾燥時に立っているウイングは、水を含むと葉の表面に密着して水を逃がさないようにしながら葉の内部に摂り込みます。

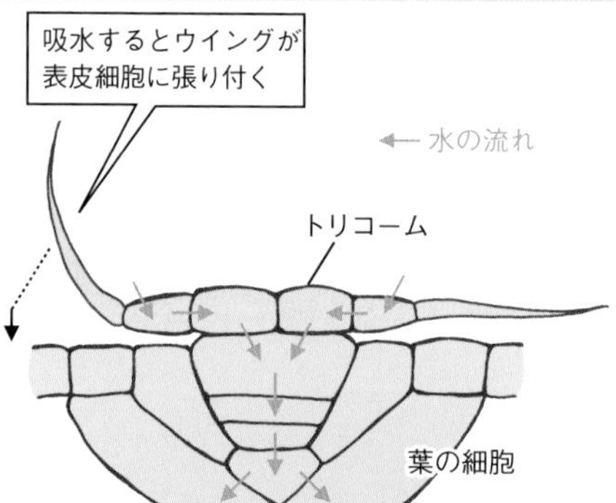
吸水するとウイングが
表皮細胞に張り付く
水の流れ
トリコーム
葉の細胞

ティランジアの分類

ティランジアの仲間が所属するブロメリア科は日本ではパイナップル科やアナナス科と呼ばれることもあるように、ティランジアはパイナップルと近縁の植物でもあります。

ブロメリア科は2016年以降に大幅な再分類が行なわれました。その結果を基にティランジアを中心に図のように整理しました。ティランジア亜科の下にはティランジア族を含めて4つの族があり、ティランジア族の下にはティランジア属を含めて9つの属が存在します。

ティランジア属には600以上もの種があり、それらは花の形状などによって7つの亜属にグループ分けされています。趣味レベルでは亜属まで意識されて扱われることは稀ですが、アイゾイデス（P.42参照）が所属するディアフォランテマ亜属のように、趣味家によく知られている亜属もあります。

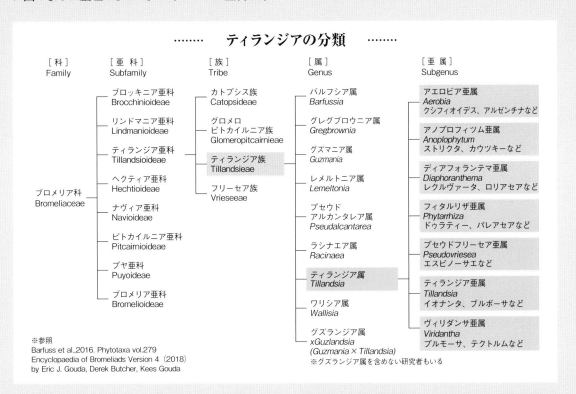

········ **ティランジアの分類** ········

［科］ Family	［亜科］ Subfamily	［族］ Tribe	［属］ Genus	［亜属］ Subgenus
ブロメリア科 Bromeliaceae	ブロッキニア亜科 Brocchinioideae	カトプシス族 Catopsideae	バルフシア属 Barfussia	アエロビア亜属 Aerobia クシフィオイデス、アルゼンチナ など
	リンドマニア亜科 Lindmanioideae	グロメロ ピトカイルニア族 Glomeropitcairnieae	グレグブロウニア属 Gregbrownia	アノプロフィツム亜属 Anoplophytum ストリクタ、カウツキー など
	ティランジア亜科 Tillandsioideae	ティランジア族 Tillandsieae	グズマニア属 Guzmania	ディアフォランテマ亜属 Diaphoranthema レクルヴァータ、ロリアセアなど
	ヘクティア亜科 Hechtioideae	フリーセア族 Vrieseeae	レメルトニア属 Lemeltonia	フィタルリザ亜属 Phytarrhiza ドゥラティー、バレアセア など
	ナヴィア亜科 Navioideae		プセウド アルカンタレア属 Pseudalcantarea	プセウドフリーセア亜属 Pseudovriesea エスピノーサエ など
	ピトカイルニア亜科 Pitcairnioideae		ラシナエア属 Racinaea	ティランジア亜属 Tillandsia イオナンタ、ブルボーサ など
	プヤ亜科 Puyoideae		ティランジア属 Tillandsia	ヴィリダンサ亜属 Viridantha プルモーサ、テクトルム など
	ブロメリア亜科 Bromelioideae		ワリシア属 Wallisia	
			グズランジア属 xGuzlandsia (Guzmania × Tillandsia)	

※参照
Barfuss et al.,2016. Phytotaxa vol.279
Encyclopaedia of Bromeliads Version 4 (2018)
by Eric J. Gouda, Derek Butcher, Kees Gouda

※グズランジア属を含めない研究者もいる

亜属の代表種

亜属は花の構造などがよく似た種でグループ分けされており、ティランジアの分類を理解するうえで役立ちます。

アエロビア亜属

アノプロフィツム亜属

ディアフォランテマ亜属

フィタルリザ亜属

プセウドフリーセア亜属

ティランジア亜属

ヴィリダンサ亜属

名称について

学名とは世界共通の名称で主にラテン語で表記されます。種ごとの名称は「属名」＋「種名」で表されます。種には亜種や変種など種以下にも様々な区分があり、学名表記ではルールに従い「亜種＝ssp.」「変種＝var.」など略号で示されます。略号の意味を知っておくと、種名が理解しやすくなるでしょう。それぞれの名称については用語集のページ（P.158）を参照してください。

日本では学名の発音をカタカナで表記します。本書では日本ブロメリア協会（P.159参照）の提唱に従い属名は「ティランジア属」、科名は「ブロメリア科」という名称を採用しています。

学名の表記

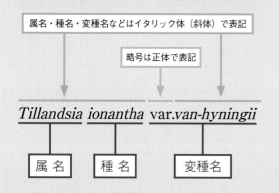

属名・種名・変種名などはイタリック体（斜体）で表記

略号は正体で表記

Tillandsia ionantha var.van-hyningii

| 属 名 | 種 名 | 変種名 |

略号の意味

区 分	英 語 名	略 号
亜種	subspecies	ssp.
変種	variety	var.
品種	form	forma / f.
未同定の近似種	affinis	aff.
未同定の参考種	confer	cf.
未同定種	species	sp.

学名が変更された種

植物は研究によって分類が変更されたり、学名が修正されることも珍しくありません。ブロメリア科の再分類が行なわれたことは前述しましたが、同時期に様々な種がティランジア属から他の属へ移されました。このことにより当然のことながら以前はティランジアだった種がティランジアではなくなり、新たに設けられた学名（または古い学名が復活）が正式な名称になります。ただし趣味レベルではすぐに学名変更に対応されないことも多く、以前の名称で扱われることも多いと言えます。右に別属への移行例を挙げておきます。参考にしてみてください。

以前ティランジア属だった種の別属への移行例

移行先の属	代表的な種（以前の学名）
バルフッシア属 Barfussia	*Tillandsia wagneriana* など
ジョセマニア属 Josemania	*Tillandsia pinnata* など
レメルトニア属 Lemeltonia	*Tillandsia dodsonii* など
プセウドアルカンタレア属 Pseudalcantarea	*Tillandsia viridiflora* など
ラシナエア属 Racinaea	*Tillandsia hamaleana* など
ワリシア属 Wallisia	*Tillandsia cyanea* など

本書に掲載している種の別属への移行について

　リニューアル前の旧書にてティランジア属として紹介した種が再分類によって別属となりました。それが次の3種です。ティランジア・キアネア（Tillandsia cyanea）がワリシア・キアネア（Wallisia cyanea）に、ティランジア・ウンベラータ（Tillandsia umbellata）がワリシア・リンデニアナ（Wallisia lindeniana）に、ティランジア・ヴィリディフローラ（Tillandsia viridiflora）がプセウドアルカンタレア・ヴィリディフローラ（Pseudoalcantarea viridiflora）へと変更されています。

　いずれも花の形状などが他のティランジアとは一線を画しており、別属となるのもうなずけます。そう考えると現在600種以上もの大所帯であるティランジア属は、今後の研究次第ではまだまだ別属へ移動する種もあるかもしれません。学名の変更や研究に関して少しでも気に留めてみると、この趣味がもっと奥深いものになりそうです。

　なお、この3種についてはティランジア図鑑の末尾にて紹介していますので参照してください。

ワリシア・キアネア
Wallisia cyanea
旧名はティランジア・キアネア（*Tillandsia cyanea*）。園芸植物としては昔から有名なポピュラー種。ワリシアの属名が浸透するのは時間がかかるかもしれない

プセウドアルカンタレア・ヴィリディフローラ
Pseudoalcantarea viridiflora
旧名ティランジア・ヴィリディフローラ（*Tillandsia viridiflora*）。プセウドアルカンタレア属は本種を含め3種1亜種で構成される。いずれも中～大型種

ワリシア・リンデニアナ
Wallisia lindeniana
旧名はティランジア・ウンベラータ（*Tillandsia umbellata*）。キアネアと同じワリシア属に編入された。旧種名の*umbellata*は*lindeniana*へと変更となっている

本書掲載種の種名が変更された例

　研究の結果により植物の種名が変更されるケースはよく見られ、それはティランジアも例外ではありません。本書に掲載したものでは表で示したように3種の種名が変更されました。テヌイフォリア・カボフリオがアラウジェイの変種になり、エディシアエ・ミノールが変種アラウカリフォリアに。ウトリクラータ・プリングレイは変種から格上げされて種名がプリングレイへと変更されています。属の変更と同様、今後も種名が変更されることがあるでしょう。

種名が変更された例

新しい学名	以前の学名	参照ページ
Tillandsia araujei var. *minima* 'Cabo Frio' ティランジア・アラウジェイ・ミニマ・カボフリオ	*Tillandsia tenuifolia* 'Cabo Frio' ティランジア・テヌイフォリア・カボフリオ	P.45
Tillandsia edithae var. *araucariifolia* ティランジア・エディシアエ・アラウカリフォリア	*Tillandsia edithae* var. *minor*/*Tillandsia edithae* 'minor' ティランジア・エディシアエ・ミノール	P.71
Tillandsia pringlei ティランジア・プリングレイ	*Tillandsia utriculata* ssp. *pringlei* ティランジア・ウトリクラータ・プリングレイ	P.113

栽培の基本

生態的なグループ分け

　実際の栽培について解説する前に、ティランジアを園芸的な面からグループ分けし、それぞれの特性に適した栽培方法を解説したいと思います。まずは「エアータイプ」と「タンクタイプ」に大別します。エアータイプは主に葉の表面から水を摂取する種で、タンクタイプは常に株元に水を溜めることで水を摂取する種となります。

　エアータイプはさらに葉のトリコームが多く植物体が白銀色に見える「銀葉種」と、トリコームが少なく植物体が緑色の「緑葉種」に分けることができます。それぞれの特徴は下記を参照してください。ひと口にエアータイプといってもタンクタイプにかなり近い生活をするものや、同種でも個体によって銀葉と緑葉が見られるものもあるなど、種によって様々なのです。

　栽培したい種が決まったら、まずは事前に本書などで種の特徴を調べ、実際の栽培では光量や水やり頻度などの栽培条件を調整することで、より状態よく育てることができると思います。

エアータイプ

銀葉種（ぎんようしゅ）
銀葉種のテクトルム（P.134参照）はトリコームが密生し白銀色に見える

緑葉種（りょくようしゅ）
トリコロール（P.142参照）はトリコームが目立たず緑色をした緑葉種

銀葉種はティランジアの代名詞的な存在です。イオナンタ（P.87参照）やキセログラフィカ（P.149参照）などが顔をそろえます。明るい環境を好み乾燥に耐える種が多く存在します。

緑葉種はトリコームが少なく、植物体は緑色に見えます。強い光を苦手とし水を好む種が多いと言えます。代表種はブラキカウロス（P.52参照）やブッツィー（P.56参照）など。

タンクタイプ

水を好み株元が膨らんで貯水タンクの役割をしているのが特徴。大型種の中には、幼株の時は銀葉種で、成株になるとタンクタイプになる種もあります。根から水を摂取する割合が多く、鉢植えが適しており、常に株元に水を溜めて管理します。本書ではビフローラ（P.52参照）やプンクトゥラータ・ミノール（P.114参照）などを紹介しています。

タンクタイプのビフローラは、常に株元に水を溜めて管理する

適した環境とは

　自生地でのティランジアは「やわらかな光」と、降雨や霧、夜露などによる「十分な水」の供給、「適度な通風」そして「高い湿度」「適した気温」などの条件が整った環境を好みます。ティランジアは着生植物で着生ランや着生シダなどと同じような環境を好み、自然下でも共存しています。ランやシダが根から水を摂取するのに対し、ティランジアは葉からも水や栄養を摂取するため、ちょっとした点で栽培方法が異なるのです。

　また、ティランジアは種によって異なる環境に自生していますが、栽培時に少し工夫をすることで、同一環境で多くの種を育てることができます。種ごとの栽培ポイントはP.38からの図鑑で解説します。ここでは栽培の基本を紹介しましょう。

光

　多くの種が樹木に着生しているため、木漏れ日のようなやわらかい光を好みます。直射日光を浴びて育つ種もありますが、それらの自生地では涼しい風が吹いたり、標高が高く気温が上がらないなど好条件がそろっているのです。

　日本では梅雨明けから残暑の時期に、長時間直射日光に当てると「熱」で葉焼けしたり、枯死してしまうこともあります。気温が30℃で無風状態の時は、葉の表面温度が60℃近くになるため、ティランジアにとっては過酷です。日差しを遮るものがない場合、園芸用の遮光ネットなどを張り、光量を調節しましょう。

　冬は直射日光を当てても問題なく、室内で栽培する際は光が当たる窓辺から1m以内の明るい場所に置きます。

遮光により適度な陽光が降り注ぐ温室。一般家庭でも育成条件を調整することで、理想環境に近付けることができる

ティランジアの栽培には、木漏れ日程度の光量が理想的

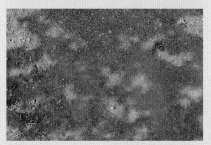

木漏れ日のイメージ。チラチラと陽光が降りそそぐ場所が適している

直射日光が当たる場所では遮光ネットで光量を調節。30%や40%など遮光率は様々

水やり

　ティランジアは乾燥に耐える能力を持っているだけで、本来は水が好きな植物です。水やり時には植物体が完全に濡れて水がしたたるくらい、たっぷりと与えましょう。濡れている時間が長いほど水を多く摂取しますが、12時間以上濡れたままだと呼吸できず、組織が腐ってしまうので注意します。

　水やりは多くの種で週2〜3回が目安となりますが、乾燥が激しい室内などで水を好む種を栽培する際は毎日与えてもいいでしょう。外ではじょうろなどを使ってたっぷりと与え、雨に当てるのも好都合です。室内の場合は霧吹きを使ったり、浴室や洗面台で水やりすれば、部屋の壁や床を濡らさずにすむはずです。

　春〜秋は夕方から夜間に水やりをすると長時間濡れていて水を多く摂取できます。気温の低下する冬場は夜間に植物体が濡れると、さらに冷えてダメージを受けることがあるため、午前中に与えて日中に乾くようにします。気温が10℃を下回ったら、水やりは週1回ほどにして春を待ちます。

屋外や温室内ではホースやじょうろを使って、たっぷりとシャワーする

栽培数が少ない時は霧吹きが便利。この場合も植物体がしっかり濡れるように、たっぷりと水やりする

……… ソーキングについて ………

　ソーキングは浸す【soak】という意味通り、ティランジアを水に浸ける方法です。輸入直後や販売時に乾燥して弱っている株は、通常の水やりではなかなか回復しないことがあります。その際は6時間ほどを目安に、株を水に浸けて強制的に水を吸わせます。日々の栽培がうまくいっていればソーキングは必要ありませんが、水不足で葉がしおれてしまった時などには有効です。水に浸けておく時間は長くても12時間以内にし、冬場は暖かい部屋で行なうか、室温が低い時は控えるようにします。

水不足でしおれてしまったストレプトフィラ（P.128参照）を水に浸けてソーキング

しおれていたストレプトフィラはソーキング後に葉が立つので、吸水が確認しやすい

通風

通風はティランジアにとって特に必要な条件です。強風ではなく、通常は空気の流れがあればよい程度です。水やり後12時間以内に植物体が乾くくらいの通風が理想です。

屋外では風の心配はまずありませんが、屋内で育てる場合、暑くなりすぎる真夏や水やり後は窓を開けて通風をよくし、植物体に風が当たるようにします。水やりの後に通風がなく、いつまでも植物体が濡れていると腐ってしまうこともあります。通風が確保できない時は扇風機などを使用して、緩やかな風を当てるのもいいでしょう。

屋外で栽培すれば通風も確保でき良好な生育が期待できる

湿度

ティランジアは80%以上の高湿度を好み、多くの種にとって多湿は好条件です。屋外で地面が土の場合は、適度な湿度が確保できるはずです。乾燥しやすく高湿度を保つのが難しい場合はこまめに水やりをしたり、観葉植物の株元に置くなどすると、少しでも湿度を高く保つことができるでしょう。また、トレーなどに湿らせた軽石を並べ直接触れないよう金網などを敷いて、その上にティランジアを置く方法もあります。冬場、室内が乾燥する時は加湿器を使用するのも効果的です。

他の植物の近くに置くと湿度が確保しやすい

温度

多くの種は短時間であれば気温5〜45℃の間で生存可能と思われます。ティランジアの生育に適した温度は15〜28℃で、日中は暖かく夜に気温が下がるなどの温度変化はティランジアにとっては好ましくよく成長します。

夏場30℃を超える場合は涼しい場所で管理しましょう。冬場に10℃を下回ると成長を止めるため、室内に入れるなどの対策をし、水やりは週1回程度で5℃以上を保ちます。それよりも低温になる場合、さらに水やりを控えると0℃でも耐える種もあります。

冬場に室内で管理する場合は温度と湿度、さらに光量の低下にも注意する

枯らす原因

　ここまでに解説した育成条件を満たせば栽培に失敗することは少ないと思いますが、それでも様々な原因で枯らしてしまうこともあります。そこでよく見られる失敗例を挙げてみましょう。その原因を知っておけば、きっと栽培に役立つはずです。

冬場寒さに当ててしまい、外葉の葉先から一気に枯れてしまったフンキアナ（P.76参照）。右の株は芯まで枯れている

暗い環境での水やり
「エアプランツには水が必要」と知られるようになった結果、室内の暗い環境で水やりすることによる失敗が増えています。暗く風のないところで水やりして葉の間に水が溜まったままだと、ティランジアの芯が抜け、株がバラバラになることがあります。十分な光と適度な通風が必要です。

水不足
乾燥に強い種は水を与えなくても3ヵ月ほどは耐えますが、徐々に弱り枯れてしまいます。月に2～3回しか水を与えない場合や、霧吹きで軽く水やりする程度も同様で、延命しているにすぎません。水不足になると植物体が軽くなります。そして葉先が枯れたり、葉が内側に巻くなど、種によっていろいろなサインを出します。日ごろからよく観察して、水不足にならないよう管理しましょう。

冬に枯らす
低温時に水を与えることで失敗することがよくあります。冬は室内に入れ5℃以下にならないようにします。低温で水を与えすぎると耐寒性が下がるため、10℃以下になったら水やりは週1回ほどに控え、葉がややしなっとした状態で冬を乗り切ります。

夏に枯らす
日本の夏は暑すぎ、特に高山性の種には過酷。暑さで外葉から枯れ込むことが多いですが、芯が腐って抜けることもあります。ベランダなどでは地面からの照り返しによる輻射熱にも注意が必要。夏場は北側の涼しい場所に置き、水やり回数を多くすると体力を保つことができます。

煮える
植物体が濡れた状態で直射日光を浴びると高温になり、「煮え」てしまうことがあります。陽光の強い春～秋によく見られる失敗で、この時期は水に濡れた状態で直射日光に当てるのは厳禁です。

……… ティランジアの救出！ ………

　腐って芯が抜けてしまった株でも、株の基部が腐っていなければ、救出できる場合もあります。芯を抜いて1週間ほど乾かしてから通常管理すると、子株を吹くことがあるので、もしものときは試してみるといいでしょう。

腐った芯をていねいに取り外す。ピンセットなどで引き抜くのもおすすめ

株の基部が腐っていなければ緑色をしている。このような株なら子株を出すこともある

根付かせる

　ティランジアは樹木などに活着して育つ「着生植物」ですから根からも水や養分を摂取します。栽培時はコルクなどに活着させれば、さらに成長がよくなります。活着させないと極端に成長が鈍る種もあるので、株を入手したらコルクなどに付け、適切な環境で管理して発根を促しましょう。ここでは基本的な活着方法を紹介します。

発根してインテリアバークに活着したプセウドベイレイ（P.114参照）。こうなれば順調な生育が見込める

カクタススケルトンに活着させたイオナンタ・メキシコ（P.87参照）を吊るして栽培

活着の方法❶　根がある場合

　干からびてしまった古い根は物に活着したり吸水しませんが、取り除かずにホチキスなどで物に留めると、株を容易に固定できます。やがて新しい根を出すと自然と物に活着し、よく成長するようになります。

1　活着の土台となるインテリアバーク、穴開け用のドライバー、根を固定するホチキス、吊るすためのフック用のワイヤー、ワイヤーの切断に使うペンチなどを用意。ティランジアはファシクラータ（P.73参照）

2　ドライバーで根を通すための穴とフック用の穴を開ける。インテリアバークは軟らかいので容易に穴を開けられる

3　根を通す穴は、やや大きめに開けると作業がしやすい。ドライバーの代わりにキリなどを使ってもよい

4　先にワイヤーを通しフック状に形を整える。フックの長さは、吊るす場所に合わせて調節する

5　根を穴に通し株がぐらつかないように固定。強く引っ張ると根が切れるので、ていねいに作業

6　ホチキスを使ってインテリアバークの裏側に根を固定する

7　根の数が多い場合は写真のように2つに分けてホチキスで留めると、よりしっかりと固定できる

8　インテリアバークに固定したファシクラータ。いろいろな所に吊るすことができ移動も容易。新しい根が出て活着すれば成長に勢いが出てくるだろう

17

活着の方法❷　根がない場合

根がない場合は2ヵ所に穴を開けて株自体をワイヤーで固定する。ティランジアはハリシー（P.84参照）

コルクの裏側にワイヤーを出し株がぐらつかないように調節。ワイヤーで強く締め付けると株を傷めるので要注意

インテリアバーク同様、移動は容易。発根して完全に活着するまでは株自体は動かさないようにする

活着の方法❸　流木に固定

流木の場合は穴を開けずにワイヤーで固定するのもよい。ティランジアはイオナンタ・メキシコのクランプ

クランプのすき間にワイヤーを通し流木の裏側で固定。この場合も強く締め付けて株を傷付けないように注意

流木の形を活かしてティランジアを配置してみよう。ワイヤーは見えづらく見栄えがよい

活着用アイテム

　ティランジアを活着させるアイテムはコルク樹皮やヘゴ、流木、インテリアバークなどがおすすめ。また、枯れたサボテンの繊維が残ったカクタススケルトンなどを使ってもおもしろいと思います。それぞれの特徴を把握しておきましょう。

穴の開いた特徴的なカクタススケルトンに活着させれば、ちょっと変わった雰囲気を楽しめる

コルク	ヘゴ	流木	インテリアバーク
樹皮の質感がよいアイテム。軟らかく加工がしやすい。水を弾きやすいので特に乾燥に強いイオナンタやテクトルムなどにおすすめ	木生シダの茎をカットしたもので板や棒状のものがある。水をよく吸うため特にストリクタやブルボーサなどの水を好む種におすすめ	形状、硬さは様々。海で拾ったものは塩抜きのために1週間以上真水に浸けてから乾燥後に使用する。様々な種におすすめ	新品はアクが出て株を傷めることがあるため、煮沸や1週間以上水に浸けたり、雨ざらしにして下処理する。様々な種におすすめ

鉢植え栽培

　鉢植えの利点は用土（植え込み材料）や鉢から水が蒸発し、ティランジアにとって適度な湿度を維持できることです。また、用土や鉢に根が活着すると、より生育がよくなります。しかし、用土が何日も濡れたままだと銀葉種などは調子を崩し、腐ってしまうこともあります。用土や鉢は水やり後1日以内に乾燥するのが理想ですから、その選択が大切になります。基本は素焼き鉢に大きめの軽石とバークチップを入れてティランジアを置き、発根、活着を待ちます。

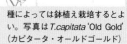

種によっては鉢植え栽培するとよい。写真は *T.capitata* 'Old Gold'（カピタータ・オールドゴールド）

鉢の選択

　ティランジアの栽培では素焼き鉢とプラスチック製の通称プラ鉢がよく使用されます。素焼き鉢は乾きやすく、水やり後、翌日までに乾く小さい鉢を使用するといいでしょう。さらに鉢自体にも根が活着することもあり、銀葉種をはじめほとんどの種に有効です。プラ鉢は用土の湿り気を長時間保つことができ、水を好む緑葉種やタンクタイプ向きです。また、駄温鉢や化粧鉢なども使用できますが、素焼き鉢に比べると乾きにくく水やりの調整が必要です。

軽石とバークチップを使った素焼き鉢栽培で、良好な生育を見せるクロカータ（P.67参照）。高湿度を好む種は、鉢に入れた用土の上に置いておくだけでも調子がよくなる

素焼き鉢（写真右）は多くの種に使用できる。プラ鉢は水を好むタンクタイプ向き

用土の選択

　ティランジア栽培に適した用土は軽石やバークチップ、ミズゴケ、ベラボンなどです。一部の種を除いては赤玉土などの土は使用しません。また、発泡スチロールも発根、活着がよく良好な成長が期待できます。

軽石
水はけのよい用土。大粒、中粒が使いやすい

ミズゴケ
固く詰めると乾きが早く、ゆるく詰めると乾きが遅くなる

ベラボン
ヤシ殻を砕いたもの。保水性に優れタンクタイプなど水を好む種に有効

バークチップ
適度な保水性があり、多くの種に有効。軽石などと一緒に使うのが一般的

置き場所

　ここまでで紹介したようにティランジアの栽培には「やわらかな光」「十分な水」「通風」「高い湿度」「適温」が必要となります。特異な環境に自生する種を除けば環境への適応力が高い種も多く、ある程度の環境を整えてあげれば順応して成長してくれるはずです。そこでここでは一般家庭で栽培する際のポイントを解説します。

遮光によるやわらかい光を浴びてティランジアは美しい姿を見せてくれる

家庭での栽培

　専用温室を用意できれば素晴らしいのですが、なかなかそうもいかないでしょう。しかし、春から秋は屋外にて冬は室内で管理すれば、温室がなくてもティランジアを栽培することができます。そこで自分なりの年間管理スケジュールを組み立ててみることをおすすめします。下の表ではスケジュールの例を挙げています。地域によって気候に差があるので調整しましょう。

ティランジアを長く楽しむには、室内での管理をうまく行なうことも大切。明るい窓辺で栽培すること

年間管理スケジュール例

4月	屋外管理へ移行準備	種類によっては極度の乾燥に注意。最低気温が10℃を上回ったら屋外へ。水やり回数は徐々に通常にし、乾燥する場合はやや多めに
5月	↓	
6月	屋外管理	水やり回数は通常で。強い陽光による熱のダメージに注意。気温が30℃を超えたら涼しい場所で管理し、水やりを多めにする。秋の長雨で2日以上雨にさらされる場合は、軒先などに移動
7月	↓	
8月	↓	
9月	↓	
10月	室内管理へ移行準備	残暑に注意。気温が10℃近くになってきたら、水やり回数は控えめに。寒冷地では早めに室内へ
11月	↓	
12月	室内管理	極度の低温、乾燥に注意。室温が10℃を下回ったら水やりは週1回ほどに。5℃以下になる場合は、さらに間隔を空けて。水は午前中に与え、日中に株が乾くように。室内の明るい窓辺で管理し、冬の直射日光は問題ない
1月	↓	
2月	↓	
3月	↓	

屋外で管理

　屋外での栽培は光量が調整しやすく、通風は良好、水やりも容易です。木の植えてある庭がベストですが、ベランダでも栽培できます。屋外に出すのは最低気温が10℃を上回ってからにします。「八重桜が散ってから」を目安にしておくといいと思います。遅霜に当てるとダメージを受けるので注意しましょう。

　春から秋は直射日光による熱で葉焼けなどのダメージを受けることがあるので要注意。また、台風でティランジアが飛ばされることが意外に多いので注意します。

　最低気温が10℃以下になったら室内で管理しますが、温暖な地域ではアエラントス（P.39参照）やベルゲリ（P.50参照）などの耐寒性のある種は、屋外で越冬できる場合もあります。

屋外では直射日光の当たらない半日陰で管理する。棚に鉢を置いたりフックで掛けると管理しやすい

室内で管理

　気温が下がる冬場は室内で管理します。ティランジアは窓辺の明るい場所に置き、室温が10℃を下回るなら水やりは週に1回程度午前中に与え、気温の下がる夜になる前に乾くようにします。冬でも室温が常に10℃以上ある環境なら通常の水やり回数でいいでしょう。また、冬場の室内は乾燥しがちなため湿度が下がらないように注意します。冬場は直射日光に当てても大丈夫ですが春先は気温が上がる日もあり、レースのカーテン越しでの栽培が安全です。

　マンションなどで夏場にベランダが異常に高温になる環境では、室内での栽培も考慮します。その際、密閉した室内に置いたままにすると高温により枯死することもあるので、外出時は要注意。扇風機を使って通風をよくしたり、エアコンで温度管理するなどの工夫をします。

室内では光量不足にならないように明るい窓辺に置くとよい。多数を一緒に管理すると湿度が上がりやすい。ただし夏場の高温にはくれぐれも注意を

LED照明を使った室内栽培

取材協力／佐藤 俊
撮影／大美賀 隆

　LED照明を使用することで陽光の届かない室内でもティランジアを栽培することができます。ティランジアのLED照明を使った室内栽培（以下LED栽培）の歴史はまだ浅いもののアクアリウムショップや通信販売などで購入できるLED照明、小型ファンなどの器具を上手に利用することでティランジアをいきいきと育てることが可能となります。しかしながらLED栽培は探りながら行なわれているのが現状。そこでここではLED栽培を実践している愛好家、佐藤 俊さんにも協力してもらいLED照明を使った室内栽培について解説します。

冬場、昼夜の温度差と十分な光がある環境で美しく発色するイオナンタ・バンハイニンギー・ミノール（中央）とイオナンタ・フエゴ（中央右）。佐藤氏の栽培場にて

LED栽培のメリットとデメリット

　LED栽培のメリットは屋外に比べ温度や湿度、通風など栽培での必要条件をコントロールしやすいということです。室内でエアコンを使用することで温度を一定に保つことができるのは大きなメリット。特に夏場は高温に弱い種にとっては過酷で、室内でエアコンなどを使用することで夏を乗り切ることができます。高温を嫌う高山性の種など、今まであきらめていた種の育成ができるかもしれません。また冬越しも容易にできます。従来の蛍光灯などと比べて光量が多く確保でき、ティランジアを強い光に当てても温度が上がり過ぎないのもメリットです。さらにLED照明を使うことで狭い空間でも栽培が可能になり、従来の蛍光灯などに比べ電気代も軽減できるはずです。

　一方デメリットは、室内は湿度が低いという点で、詳細は「湿度」の項目で触れます。環境にもよりますが、よく育つ種と育ちにくい種が見られることもあります。これは屋外栽培でも同様ですが湿度や光量、水やり回数などを変更するなど探りながら栽培していくしかないでしょう。またティランジアはLED栽培の環境に順応した草姿になる傾向もあり、その種本来の草姿にならないことがあります。この辺りは栽培者の好みでもあり、本来の姿を求めるなら栽培環境を変えるなど、いろいろとトライするといいでしょう。

LED栽培のポイント

　窓越しに入る陽光を利用できれば、LED照明を補助光として使うことでより広いスペースで栽培が可能になります。逆に陽光が入らなければLED照明だけで栽培することになります。いずれの場合もLED照明の照射範囲を見極めてティランジアを配置します。光源に近い位置には光を要求する種を置き、光源から離れた場所には強い光でなくても育つ種を置くのが適しています。

LED照明

　様々なタイプのLED照明が販売されています。スポットライト型や蛍光管型、パネル型など形状は様々ですが、植物育成用やアクアリウムの水草用であれば問題ないでしょう。

アクアリウムの水草用LEDライトもLED栽培に使用できる。光源に近い場所に配置すると、種によってはトリコームが厚くなる傾向が見られる。佐藤氏の栽培場にて

佐藤氏宅のLED栽培風景。幅60×奥行45×高さ45cmのスペース二つで栽培。光源はアクアリウム用のLEDで、多くの種がいきいきと成長している

室内環境への導入

　購入した個体や屋外で栽培していた個体を完全なLED栽培環境に移すといったん成長を止め、数ヵ月後に成長を始めることがあります。これは環境への順応のためですから通常管理をしつつ見守りましょう。

温度

　ティランジアの生育に適した温度は15 〜 28℃です。エアコンを使えば室温をコントロールしやすく、特に夏場の使用は必須。またティランジアの発色をよくするには低温期の温度差がポイントになります。昼夜で温度差を設け十分な光を照射することで、開花期に美しくなる種が多いようです。

湿度

　オープンな環境では水やり回数や加湿器である程度カバーできますが、それでも湿度が低下することが多く乾燥に強い種の育成が適しています。湿度を要求する種を育てる際はワーディアンケースや水槽を使うと、高い湿度を保つことができます。ケースの底に軽石やミズゴケを敷いて水をかけることで湿度が高くなります。密閉は避けて多少隙間を空ければ、植物体が常に濡れるのを防ぐことができます。通風はケース内でアクアリウム用の小型ファンを使用するといいでしょう。

通風

　扇風機やサーキュレーター、小型ファンなどで通風を確保しましょう。タイマーを使えば風を当てる時間をコントロールできます。

水やり

　室内では乾燥しがちなため様子を見ながらこまめに行ないます。乾燥が激しい季節は毎日水やりしてもいいかもしれません。霧吹きを使ったミスティングが一般的ですが、大型種などは浴室でシャワーするのもいいでしょう。全体がしっかり濡れることが大切です。

LEDを補助光として利用

　窓越しに陽光が入るならLED照明を補助光として利用するのもおすすめです。光が届きづらい場所や時間帯に照射することで、順調な成長が期待できます。

LED照明は自宅の環境に合わせてチョイスしよう。クリップなどで固定できるスポットライト型のLEDも使いやすくおすすめ

23

開花の楽しみ

　ティランジア栽培の楽しみのひとつが開花です。美しい花を咲かせる種は多く、開花時には葉や植物全体が色付いて劇的に変化するものもあります。開花のしやすさは種によって異なり、ストリクタ（P.130参照）のように花付きのよいものもあれば、数年に一度しか開花しないものもあります。

　開花期間も種によって様々。つぼみを付けてからすべての花が咲き終わるまでに、約2週間〜数ヵ月は花期を楽しめるでしょう。ほとんどの種は開花後に成長を止めて子株を出すので、増殖の楽しみもあります。

開花のポイント

　開花させるには、いくつかのポイントがあります。まずは株を健康に育てること。P.38からの図鑑で表示している開花サイズを目標に育成してみましょう。株が小さいと花も小さく、数が少ない傾向が見られます。そして日焼けに注意しつつ、よく日に当てることです。光量不足ではなかなか開花してくれません。ちなみにコンコロール・ラージフォーム（P.66参照）などのように、よく開花するために株が小型化しやすい種は、逆に光量を抑えて開花を遅らせ大株に育ててから開花させるといいでしょう。

開花前後の管理

　開花は子孫を残すためのティランジアの一大イベント。開花にはかなりのエネルギーを使い、さらに開花後は子株を出すため、よりエネルギーを必要とします。この時期は適切な環境を維持して植物体に負担がかからないようにします。また、開花前後には肥料を与えるのも方法です。水やりの2回に1回程度は、肥料を水に溶かして与えるといいでしょう（施肥の方法はP.26を参照）。また、環境が大きく変わると、花序を出しても開花しないことがあるので注意します。

開花は栽培家にとっての喜び。ぜひ間近で花の魅力を感じてほしい。写真はアエラントス・ミニパープル（P.41参照）

コンコロール・ラージフォームは開花しやすいがために株が小型化しやすい。開花を遅らせる工夫も必要

花序を出してから開花、その後は子株を吹くなど楽しみは広がります。写真はスークレイ（P.133参照）

増殖の方法

　ティランジアの繁殖は「種子」による実生と、親株から直接「子株」を出す形態に大別できます。ほとんどの種は子株を出すのでこれで増殖できますが、中には開花後に枯れてしまい種子による増殖しかできないものもあります。そのような形態はモノカルピックと呼ばれ、大型種で稀に見られます。種子を付けやすいものや子株をよく出すものなど、種によって特徴は様々。栽培している種の特徴を把握して増殖にチャレンジしてみましょう。

初めて増殖にチャレンジするなら、成長が早く子株を出しやすい種がおすすめ。写真は親株、子株、孫株と3代続くカプトメドゥーサエ（P.60参照）

子株を3株出したフクシー・グラシリス（P.75参照）。子株を複数出した場合は1株に比べて成長は遅くなる

時間をかけて育てたクランプを吊るす。まるでティランジアのカーテンのよう

子株で殖やす

　子株の出し方はいくつかあり、多くは開花後に親株の株元から子株を出します。また、ランナーを出してその先に子株を付けるものや、花芽から子株が出るヴィヴィパラと呼ばれる形態も知られています。ベルゲリ（P.50参照）のように開花に関係なく子株を出して殖える種や、グラスと称される小さな子株をたくさん出す種もあります（P.26参照）。

　子株は親の形質を引き継いだクローンですから、同一の個体を殖やすことができます。親株は開花後成長を止めて子株に栄養を送るため、子株は通常より早く成長します。親株から出る子株は1〜5株ほどで、親株の栄養状態がよいと複数の子株を出すことも。

　子株がある程度大きくなってから親株から外すと、親株に体力が残っている場合は、さらに子株を出すこともあります。なかなか株数が増やせない種は、この方法を試すのもいいでしょう。ただし外した子株の成長はやや遅くなり開花までは時間を要します。

クランプを楽しむ

　クランプ【clump】とは繁殖し群生している状態を指します。時間をかけて育て上げたクランプは、まるで自分の子供のようで愛着がわきます。クランプは単体よりも丈夫で育てやすい特徴があります。育てる際は枯葉に水が浸み込み停滞するとクランプがばらけやすくなるので要注意。通風をよくしたり、枯葉をこまめに取り除くようにします。

···· クランプにしやすいティランジア ····

アエラントス（P.39参照）、バルトラミー（P.50参照）、ベルゲリ（P.50参照）、ブッツィー（P.56参照）、イオナンタ（P.87参照）、ジュンセア（P.98参照）、マレモンティー（P.106参照）、プリングレイ（P.113参照）、シーディアナ（P.121参照）、ストリクタ（P.130参照）

グラスで殖やす

　プリングレイ（P.113参照）のように開花に関わらず、とても小さな子株を多数付ける種もあります。そのような子株はグラスと呼ばれ、開花後に出す子株（パップとも呼ばれる）と比べてだいぶ小さく、成長もかなり遅いのが特徴です。小さくても親株から外して育てることができるので、時間をかけて気長に栽培すれば、多数の株を得ることができるでしょう。

実生で殖やす

　ティランジアの多くは自家受粉をして結実する確率は低いと言えます。しかし中にはジュンセア（P.98参照）やロリアセア（P.102参照）のように自家受粉しやすい種もあります。受粉すると種子の入ったシードポッドが1年ほどかけて成熟し、その後弾けます。種子には綿毛が付いていて、風に飛ばされて拡散するので、採種後はすぐにヘゴなどにこすり付け、その後毎日水やりします。1～2週間で発芽し、その後は親と同じ管理をしますが、デリケートなためこまめな管理をします。

　多くの種は約5年で開花株に成長します。実生は時間がかかりますが、手塩にかけた株が開花すれば喜びもひとしおでしょう。

大型種として知られる*T.lymanii*（リーマニー）の株元にできたグラス。親株に比べてかなり小さいのがわかる

シードポッドが弾けて種子が露わになったガルドネリ（P.79参照）

カウツキー（P.99参照）の種子。綿毛が付いており風に運ばれやすく物に絡まりやすい

種子をつけたままにしておくと、やがて発芽して成長することも。写真はロリアセア

肥料の与え方

　肥料は与えなくても十分育ちますが、適切な時期に適量を与えると効果があります。早く成長させたい時、株を大きくしたい時、開花前後や子株を出した後などのエネルギーを使う時に与えるのが効果的です。肥料は観葉植物用の液体肥料で問題ありません。原液を水で1000倍に薄めたものを、水やりの2回に1回程度のペースで与えるといいでしょう。濃い肥料は植物体を傷めることがあるので厳禁です。

小型ピペットで肥料の原液を吸い取り水で薄める。500ccの水に原液0.5ccを加えると1000倍の希釈液ができあがる。すれば簡単に施肥することが可能。霧吹きで液肥をスプレーものが便利 ピペットは0.5cc～2ccを計量できる

26

食害に遭ったブラキカウロス（P.52参照）。葉が軟らかい種や苗は稀に昆虫などの食害に遭うことも

病害虫対策

　ティランジアは病害虫の被害が少ない植物ですが、それでも稀に発生することがあります。ティランジアに見られるのはハダニやカイガラムシ類による被害や、稀にバッタやコガネムシ、ヤスデ、ダンゴムシ、ナメクジなどの食害があります。

ハダニ

　ハダニは乾燥している時に発生しやすい、ごく小さな赤いダニで葉の汁を吸います。植物体が乾いていると発生しやすく多湿に弱いので、こまめに霧吹きすれば発生しにくくなります。それでも発生する場合は、ハダニに効果のある殺虫剤を使用します。

コナカイガラムシ

　葉の付け根や葉が重なる部分などに住み着き、養分を吸い取るアブラムシに近縁な害虫です。葉の付け根に白い粉が目立つようなら、コナカイガラムシの被害を疑います。放っておくと株は衰弱し枯れ込んできます。繁殖して他の株にも被害が広がるため、早めに駆除しましょう。「オルトラン水和剤」「ダントツ」などの殺虫剤が有効です。

食害

　ナメクジは夜間に出現し花や新芽を食害します。見付け次第駆除するか、誘殺剤を使用します。コガネムシやバッタなどは葉や花を食べることがあります。ただし、好んで食べることはないようです。また、ヤスデやダンゴムシがトリコームを食べることが知られています。

コットンキャンディ（P.151参照）に発生したナミハダニ。ハダニは放置しておくと糸を張りコロニーを形成するため早めに駆除したい

コナカイガラムシの被害に遭った *T.graomogolensis*（グラオモゴレンシス）。吸汁された部分の葉は枯れ、糞などで汚くなる

コナカイガラムシの正体。体長は2～3mmで白い粉を被りゆっくり動く

ヤスデにトリコームを食べられてしまった

イキシオイデスの花を食べに来たナメクジ。花はナメクジの好物らしい。食べられてしまうと、せっかくの開花が台無しに…

ヤスデの糞。ヤスデは小さな糞を多数残していく。見付け次第駆除したい

タンクタイプの栽培方法

　ここではタンクタイプの栽培について解説します。本書ではタンクタイプとしてビフローラ（P.52参照）、プンクトゥラータ（P.114参照）を紹介しています。タンクタイプもエアータイプ同様に現地では樹木などに着生していますが、エアータイプよりも水気を好み、根から水や養分を吸収する割合が高いのです。エアータイプと同じ栽培方法ではなかなかうまく育たないため、湿度を保てる鉢植え栽培が基本となります。

タンクタイプのビフローラは素焼き鉢を使い株元に水を溜めて栽培する。素焼き鉢を使うことで水が蒸散しやすく気化熱により温度を下げる効果が期待できる

鉢植え栽培がおすすめ

　水気を好むタンクタイプには鉢での栽培がおすすめ。より湿度を好むプンクトゥラータなどにはプラ鉢も有効となります。用土には大きめの軽石とバークチップを半々で混ぜたものや、やや固めに詰めたミズゴケなどを使用します。タンクタイプの名の由来通り、株元に水を蓄える仕組みになっているため、栽培時にも常に水を入れておき、水やり時にはタンク内の水が入れ替わるようにたっぷりと与えます。

　春〜秋は常に用土が湿った状態で好結果が得られます。冬場に気温が5℃以下になる時は、水を溜めておくとダメージを受けることもあります。成長を止めている時は株に水を溜めずに、霧吹きなどで水やりをしましょう。

プンクトゥラータはとても水気を好むためプラ鉢での栽培がおすすめ

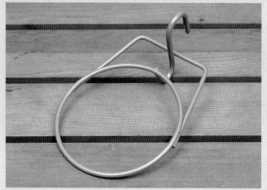
鉢を壁に掛けるには、専用のハンガーなどが便利

鉢は壁に掛けてもよい。スペースを有効利用して、いろいろな種を栽培してみよう

Tillandsia in the wild

メキシコ、ブラジルの自生地を巡る

実際にティランジアを育ててみると、自然下での姿を想像する人も多いかもしれません。自生地の環境や気候、ティランジアが生えている場所を知ることは栽培に大いに役立ちます。そしてティランジア本来の姿を知ることは、何よりもかけがえのないこと。ここでは多くの個性的なティランジアを育むメキシコとブラジルの自生地を巡ってみましょう。

メキシコおよびブラジル、エスピリトサント州での撮影／上野一郎　ブラジル、ミナスジェライス州およびバイーア州での撮影／大美賀 隆　協力／World Plants Report ex JAPAN

MEXICO
メキシコのティランジア

**中米の魅力種や
様々なメキシコの固有種が自生する
聖地オアハカ州を行く**

ティランジア・ロドリゲジアナ
Tillandsia rodrigueziana
ティランジア aff. ロドリゲジアナ、ロドリゲジアナ・ルブラ、ロドリゲジアナ オアハカ産の岩着生タイプなどと呼ばれているティランジア。林の中の崖や大きな岩の露頭に着生していた。オアハカ州中部、標高1960m。Photo/I.Ueno

BRAZIL
ブラジルのティランジア

**ミナスジェライス州、バイーア州、
エスピリトサント州で
魅力的なティランジアに出会う**

ティランジア・ゲミニフローラ
Tillandsia geminiflora
高い湿度を好むゲミニフローラは川沿いの樹木に着生し、木漏れ日を受けていきいきとした姿を見せていた。現地では常時直射光が当たる場所に生えていないことは、本種を栽培する際の参考になるだろう。ミナスジェライス州セーハ・ド・シポ、標高約1000m。Photo/T.Omika

メキシコ
オアハカ州北部 North of Oaxaca

オアハカ州北部は標高1500〜2400mほどの比較的乾燥した、なだらかな丘陵地帯が広がっている。多くの人がイメージするメキシコらしい風景が広がっている地域で、背の低い潅木が多くサボテンやアガベなどもたくさん見ることができる。

ティランジア・オアハカナ
Tillandsia oaxacana
2000m以上の比較的標高の高い地域で樹上に着生。高温に弱く栽培難種として知られているが、自生地では比較的よく目にする

ティランジア・カルロスハンキー
Tillandsia carlos-hankii
2000m以上の比較的標高の高い地域で樹上に着生。開花後に子株を出さず、主に実生で殖えるモノカルピック種。その性質からか、モノカルピック種は自生地では非常に個体数が多く優勢。メキシコ固有種

ティランジア・ボケロネンシス
Tillandsia boqueronensis
緑色の花を咲かせるヴィリダンサ亜属の仲間。峡谷の垂直に近い岩肌に着生しており、上に向かって屈曲する独特の形状をしている。メキシコ中部に分布し、かつてはアトロビリディペタラ"トナラフォーム"と呼ばれていた。メキシコ固有種

エル・ボケロン峡谷。標高1360m。オアハカ北部の町、トナラの東にある峡谷。ボケロネンシスやトナラエンシスの自生地

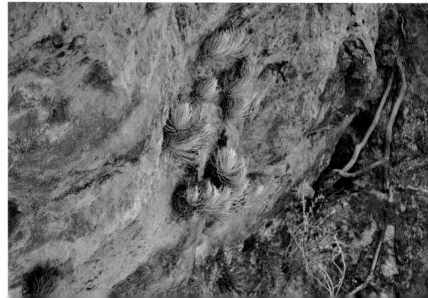

ティランジア・プルモーサ
Tillandsia plumosa
白いフワフワのトリコームが魅力的なメキシコ緑花種のひとつ。
主に標高2000m以上の地域に自生。それ以下の標高の地域では
近縁種のアトロビリディペタラが見られる。メキシコ固有種

オアハカ州北部2350m。比較的湿潤で木
の多い地域で見付けたティランジアが多
く着生した木。プルモーサ、ボウルガエイ、
ドゥゲシイなどが着生していた。ちなみに
この木、雨季には葉っぱがしっかり茂っ
ているようで、ぱっと見ではティランジア
が着生しているようには見えない

ティランジア・シルシナトイデス
Tillandsia circinnatoides
エル・ボケロンの近くで見付けた見事なクランプ。本種はオア
ハカの様々な地域で見ることができる。強健で形もよく花もき
れいと栽培向きの種だが、日本でこの黒い葉色を再現するのは
難しいだろう

ティランジア・ファシクラータ・デンシスピカ
Tillandsia fasciculata var. densispica
峡谷の斜面で見付けたファシクラータの変種。葉の質感や赤い発色がフロリダやユカタン半島産の
デンシスピカと明らかに違うため、別種の可能性もある。

オアハカ州中西部 Midwest of Oaxaca

標高1680m。ペナスコエンシス、ロドセファラなどの
自生地がある地域。やや乾燥しているが、はるか太平
洋までつながる峡谷があり比較的標高が低い地域の
ティランジアも見ることができる。

ティランジア・グランディスピカ
Tillandsia grandispica
比較的大きくなるメキシコ緑花種。また緑花種の中では比較
的耐暑性も高く栽培しやすい。メキシコ固有種

ティランジア・イオナンタ・ストリクタ
Tillandsia ionantha var. stricta
イオナンタの変種。ストリクタはオアハカ州の太平洋岸地
域に分布する葉先が細いイオナンタ。メキシコ固有種

ティランジア・ミトラエンシス
Tillandsia mitlaensis
標高1800m。州都の東に位置する遺跡で有名なミトラ近郊で見付けた
自生地。岩の崖にたくさん着生していたが、探索した限り近隣ではこ
の場所にしか生えていないようだった。貴重な自生地が失われないよ
うに切に願うばかり。メキシコ固有種

オアハカ州中部 Central Oaxaca
州都周辺の標高1500m付近の比較的標高の低い地域と、州都北
部にそびえる標高3000mに及ぶシエラ・フアレス山地を含む地
域で、様々な環境に適応したティランジアを見ることができる

ティランジア・シーデアナ
Tillandsia schiedeana
標高1530m。シーデアナがたくさん着生している場所で見付けた花序が
黄色の変異株。通常のシーデアナは赤い花序だが、この個体は花序が黄
色で葉も通常のものより多肉質で異なる

ティランジア・デッペアナ
Tillandsia deppeana
標高1900m。比較的樹木の多い湿度
が保たれている場所に自生していた

ティランジア・ジュンセア参考種
Tillandsia cf. *juncea*
ロドリゲジアナと一緒に生えていたジュンセアと思われる個体。
普及種だが自生地では真っ赤に発色して非常にきれい

ブラジル
ミナスジェライス州 Minas Gerais

ブラジルのミナスジェライス州では州都ベロオリゾンテの北約100kmの地点にあるセーハ・ド・シポや州の中部にあるディアマンティナを訪問。ティランジアはどこにでもあるわけではなく、多くの種は川沿いなど空中湿度が高い場所を好んで自生していた。

ティランジア・テヌイフォリア参考種
Tillandsia cf. tenuifolia
半乾燥地帯のセーハ・ド・シポを流れる川沿いの森林内の樹木に着生。標高約800m

セーハ・ド・シポを流れる川沿いにあったテヌイフォリア参考種がたくさん着生している大木。ランやシダ植物、苔なども着生しており樹上の生態系が形成されていると考えられる

ティランジア・ポーリアナ
Tillandsia pohliana
ディアマンティナの川沿いの樹木に着生。これだけでも空中湿度が高いことがわかるだろう。川から離れた場所では見付からなかった。標高約1200m

ティランジア・ガルドネリ
Tillandsia gardneri
広域に分布し自生地も海沿いのマングローブ林から標高1500m超まで様々。長時間直射光にさらされるのは苦手のようで葉陰になる場所に着生していた。セーハ・ド・シポにて

ティランジア・ストレプトカルパ
Tillandsia streptocarpa

個体数はそれほど多くはないが、いろいろな場所で見ることができるストレプトカルパ。これはジャコビナの郊外にある民家近くの大木に着生していたもの。存在感のある大きな個体

バイーア州 Bahia

大西洋に接するバイーア州の内陸にはシャパーダ・ディアマンティナと呼ばれる標高1000mを超える高地が広がり、ティランジアをはじめとするブロメリア科植物が多数自生している。

移動途中の町中で見付けた電線に着生するストレプトカルパ(下)とレクルヴァータ。これを見ると直射光下でも元気に育つのが理解できる

ティランジア・ロリアセア
Tillandsia loliacea

広域分布種で地域によって草姿や色彩に差が見られる。セイバ・スペシオサ *Ceiba speciosa* のトゲトゲの樹皮に着生。ジャコビナにて

35

ティランジア・チャペウエンシス
Tillandsia chapeuensis var. chapeuensis
モーホ・ド・シャペウの岩場で見られる岩着生種。雨で濡れているが本来は白い葉を持つ。ブラジル固有種

ティランジア・ウスネオイデス
Tillandsia usneoides
モーホ・ド・シャペウ近郊の崖に生える木に絡まって成長していた。崖からは水が染み出し空中湿度は高い

ティランジア・パルドイ
Tillandsia pardoi
テヌイフォリアに似た小型種で町中の大木に着生していた

バイーア州 Bahia

シャパーダ・ディアマンティナの東部に位置するモーホ・ド・シャペウは平均標高が1100mの高地。冬は最低気温が10℃を下回ることもあるなど、過酷な環境下で様々なティランジアが野性味あふれる姿を見せてくれた。

ティランジア・レクルヴァータ
Tillandsia recurvata
アメリカ南部から南米まで見られる広域分布種で、ブラジルでも様々なエリアに自生している。これはモーホ・ド・シャペウで見付けた枯れ木に着生したもの

ティランジア・ストリクタ
Tillandsia stricta
ペドラ・アズール州立公園で見付けたストリクタ。
普及種ほど自然下での姿を見られる喜びは大きい

ペドラ・アズール全景。切り立った巨大な岩山に圧倒される

エスピリトサント州 Espírito Santo

ペドラ・アズール州立公園はドミンゴス・マルチンスの街から
40kmほど西にあり、標高約1300m。冬には霜が降りることも。
付近の樹上にはストリクタなどが見られた。サンタ・テレーザ近
郊は標高約700mで、すぐ近くにアウグスト・ラスキ生態保護区
がある。湿度の高い鬱蒼とした森ではゲミニフローラやストリク
タなどが自生していた。

ティランジア・カウツキー
Tillandsia kautskyi
サンタ・テレーザ近郊の林床に落ちていた。まさかの出会いに大変驚いた。
周りの樹木に着生している姿を見付けることはできなかった

サンタ・テレーザ近郊。森の中で見付けた小川の周りの開けた場所。木に
はフリーセア・エリスロダクティロンが着生していた

ティランジア・ゲミニフローラ
Tillandsia geminiflora
サンタ・テレーザ近郊。開花中のゲミニフローラと右上にはラシナエア
の姿が見える

ティランジア図鑑
The Pictorial book of Tillandsia

600種を超えるティランジアから種・品種・交配種を含めて、
おすすめの175個体を紹介。美しい写真とともに、その栽培方法まで詳細に解説しています。

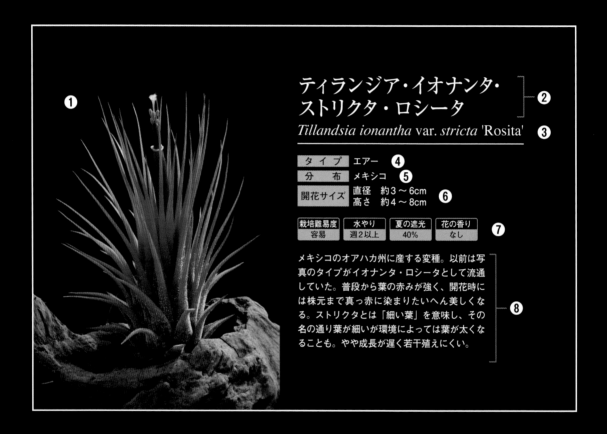

①

ティランジア・イオナンタ・ストリクタ・ロシータ **②**

Tillandsia ionantha var. *stricta* 'Rosita' **③**

タイプ	エアー **④**
分　布	メキシコ **⑤**
開花サイズ	直径　約3〜6cm 高さ　約4〜8cm **⑥**

栽培難易度	水やり	夏の遮光	花の香り
容易	週2以上	40%	なし

⑦

メキシコのオアハカ州に産する変種。以前は写真のタイプがイオナンタ・ロシータとして流通していた。普段から葉の赤みが強く、開花時には株元まで真っ赤に染まりたいへん美しくなる。ストリクタとは「細い葉」を意味し、その名の通り葉が細いが環境によっては葉が太くなることも。やや成長が遅く若干殖えにくい。 **⑧**

図鑑の見方

❶ 写真／主に開花時の写真を掲載。開花前後には葉の色が変化する種もある

❷ 通称名／日本で使用される名称。学名をカタカナ表記したものが一般的

❸ 学名／世界共通の学術的名称。ラテン語で表記されるのが一般的

❹ タイプ／エアータイプ、タンクタイプの表示

❺ 分布／その種が生息する国や地域

❻ 開花サイズ／その種が開花する際の株の直径と高さ(有茎種の場合は長さ)。特殊なフォームは含めない

❼ 栽培アイコン／その種の栽培方法と特徴をアイコン化

❽ 解説／その種の特徴と栽培のコツについて

アイコンの見方

栽培難易度／栽培について容易、普通、やや難しい、難しいの4段階で表示

水やり／春〜秋における1週間の水やり回数の目安。乾燥が激しい環境では、より多く与えてもよい

夏の遮光／夏場の強い陽光を遮る目安を30%、40%、50%で表示。光を要求する種は遮光率が低め

花の香り／花の芳香の有無を表示。香りの強さは種によって異なる

ティランジア・アエラントス
Tillandsia aeranthos

タ イ プ	エアー
分 布	ブラジル〜アルゼンチン
開花サイズ	直径 約10cm 高さ 約15cm

栽培難易度	水やり	夏の遮光	花の香り
容易	週2以上	40%	なし

濃いピンクの花苞にインディゴブルーの三弁花を咲かせるポピュラーな種。花付きがよく、育てやすいティランジアの代表と言える。耐寒性があり、温暖な地域では屋外でも越冬が可能だろう。水分が少ないと葉が内側に巻くため、葉が巻かないように水やりするとよい。ベルゲリ（P.50参照）や他種とのハイブリッドが出回っていることもあるため、本種かどうかは花で確認するとよい。

緑色の草体に立ち上がる鮮やかな
色彩の花序は見る者の心を奪う

ティランジア・アエラントス・マージナータ
Tillandsia aeranthos 'Marginata'

タイプ	エアー
分布	ブラジル
開花サイズ	直径　約10cm 高さ　約15cm

栽培難易度	水やり	夏の遮光	花の香り
普通	週2以上	40%	なし

アエラントスの変異で'Semialba'（セミアル
バ）の名で輸入されたが、後に栽培品種名が
判明した。白花にブルーのマーブル模様が入
り、とても美しく個性的。このような花を持
つティランジアはほとんどなく、美しいだけ
でなく貴重でもある。今後の普及が待たれる
美種であろう。

ティランジア・アエラントス・アルバ
Tillandsia aeranthos var. *alba*

タ イ プ	エアー
分　布	ブラジル
開花サイズ	直径　約10cm 高さ　約15cm

栽培難易度	水やり	夏の遮光	花の香り
普通	週2以上	40%	なし

白い清楚な花を咲かせるアエラントスの変種。一株の開花でも十分美しいが、複数株が同時に白花を咲かせた様子は思わず見とれてしまうほどの気品にあふれる。筆者の経験では、本変種は成長が遅いものの毎年のように開花するため、株が小さくなりやすい傾向が見られた。開花しにくくするためやや日陰で栽培し、また肥料をまめに与えるなどの方法で、開花までに株を大きく丈夫に育てることがポイントになるだろう。

ティランジア・アエラントス・ミニパープル
Tillandsia aeranthos 'Mini Purple'

タ イ プ	エアー
分　布	ブラジル
開花サイズ	直径　約5〜8cm 高さ　約3〜6cm

栽培難易度	水やり	夏の遮光	花の香り
容易	週2以上	40%	なし

アエラントスの栽培品種。小型で葉が紫色がかるためミニパープルの名があり、また'Nigra'(ニグラ)の名称で流通することもある。基本的な栽培方法は基本種に準じて問題ない。花は咲きやすく子株をよく出し、ボール状のクランプになりやすい。上手に栽培できれば草体の群生美を楽しむことができるだろう。アエラントスの栽培品種には他に、いずれも枝変わりとして出現した'Bronze'(ブロンズ)や'Miniata'(ミニアータ)などもよく知られている。

ティランジア・アイゾイデス
Tillandsia aizoides

タ イ プ	エアー
分　布	アルゼンチン
開花サイズ	直径　約1〜1.5cm 高さ　約2〜3cm

栽培難易度	水やり	夏の遮光	花の香り
普通	週2以上	40%	あり

開花サイズの高さが2cmほどの極小型種。肉厚の葉を密生させる姿は多肉植物のようで愛らしい。香りを放つ茶系の花を咲かせる。ディアフォランテマ亜属の中では栽培がやさしい部類。ただし植物体が小さいため、極端な環境変化にはさらさないことが大切。やや乾燥気味に管理するのもポイントで、水やり後に短時間で乾く場所で栽培するとよいだろう。

タ イ プ	エアー
分　布	アルゼンチン
開花サイズ	直径　約4〜10cm 高さ　約6〜12cm

栽培難易度	水やり	夏の遮光	花の香り
普通	週2以上	40%	なし

肉厚の葉を互生させ、鮮やかなスカーレットレッドの三弁花を咲かせる様は見事の一言。栽培は容易なものの、なかなか花を咲かせてくれず栽培家をやきもきさせるが、逆に考えれば栽培方法を探るのが楽しい種と言える。筆者の経験では日当たりよく乾かし気味に管理したところよく咲いたことがあるが、その翌年はまったく開花しなかったこともあり、開花のためのカギをいまだ見い出せていない。真っ赤な花を咲かせる種はあまりないため交配親としても貴重で、本種を親としたミスティックシリーズなど交配種がいくつか作出されている。

ティランジア・アルベルティアナ
Tillandsia albertiana

ティランジア・アンディコラ
Tillandsia andicola

タイプ	エアー
分　布	アルゼンチン
開花サイズ	直径　約4cm 高さ　約5cm

栽培難易度	水やり	夏の遮光	花の香り
普通	週2以上	40%	あり（?）

アルゼンチン北部に分布するディアフォランテマ亜属の小型種。葉を互生させ、らせん状に展開するような姿が美しい。種名のアンディコラ（*andicola*）は「アンデスの住人」を意味し、小さな黄色い花を咲かせる。小型種のため高温下での栽培には注意したいが、夏場以外はよく陽に当てて育てると調子がよい。

photo/T.Omika

フンキアナのような赤い筒状花を付ける

photo/T.Omika

ティランジア・アンドレアナ
Tillandsia andreana

タイプ	エアー
分　布	コロンビア、ベネズエラ
開花サイズ	直径　7〜10cm 高さ　7〜10cm

栽培難易度	水やり	夏の遮光	花の香り
普通	週2以上	40%	なし

photo/T.Omika

フンキアナ（P.76参照）をロゼット型にしたような種で赤い筒状花を咲かせる。丈夫で春〜秋は屋外で雨ざらしの状況でもよく成長するが寒さには極端に弱い面があり、本種の栽培で失敗するのは寒さに当ててしまったことが原因であることが多い。フンキアナの場合は茎が長いため下から枯れ込んでも上部が残るのでなんとか延命するものの、本種は基部がダメージを受けると延命は難しい。屋外で栽培している場合は寒くなる前に早めに屋内に収容して10℃以上を保ち、冬季はフンキアナ同様に水やりを少なめで乾燥気味に育てるとよい。ちなみに最近では東南アジアで増殖された直径15cmほどの肥培された大きな個体が流通することもある。耐寒性が低いため、冬場の栽培には特に注意したい。

花は可憐で、まるでジンチョウゲを思わせる

ティランジア・アラウジェイ
Tillandsia araujei

タ イ プ	エアー
分　布	ブラジル
開花サイズ	直径　3〜7cm 高さ　15〜25cm

栽培難易度	水やり	夏の遮光	花の香り
容易	週2以上	40%	なし

細く短い葉を密生させながら成長する有茎種。ピンクの花苞に外側にカールする白い小さな三弁花を付ける。湿度が高いと成長が早い。茎の長さが15cm以上になるとよく開花する。

白い花弁を包む花苞は赤銅色に染まる

ティランジア・アラウジェイ・ブロンズ
Tillandsia araujei 'Bronze'

タ イ プ	エアー
分　布	ブラジル
開花サイズ	直径　5〜7cm 高さ　15〜25cm

栽培難易度	水やり	夏の遮光	花の香り
容易	週2以上	40%	なし

アラウジェイの品種で、花苞が赤銅色に色付くためブロンズの名で呼ばれる。基本種に比べると細葉で繊細。栽培に関しては基本種と同様で問題ない。

ティランジア・アラウジェイ・ミニマ・カボフリオ
Tillandsia araujei var.*minima* 'Cabo Frio'

タイプ	エアー
分 布	ブラジル
開花サイズ	直径 2〜2.5cm 高さ 10〜20cm

栽培難易度	水やり	夏の遮光	花の香り
普通	週2以上	40%	なし

ブラジルのカボフリオで発見されたアラウジェイの変種ミニマの栽培品種で、長く *T. tenuifolia* 'Cabo Frio'（テヌイフォリア・カボフリオ）で流通していた。着生させずに吊った状態でも育ち短い葉を密生させロープ状に成長する。

ティランジア・アレキタエ
Tillandsia arequitae

タイプ	エアー
分 布	パラグアイ、ウルグアイ
開花サイズ	直径 5〜15cm 高さ 5〜15cm

栽培難易度	水やり	夏の遮光	花の香り
容易	週2以上	30%	なし

南米南部に分布する白花を咲かせる美種。多肉質で存在感があり、葉は銀白で美しく人気が高いのもうなずける。丈夫だが成長が遅く、個体によるサイズ差が激しいのも特徴。筆者の栽培場では小型のタイプは比較的よく開花するが大型タイプは咲きにくく、ともに成長が遅く殖えづらい。入手の機会に恵まれたら、じっくりと育てて美しい姿を堪能してほしい。

ティランジア・アルゼンチナ
Tillandsia argentina

タ イ プ	エアー
分 布	ボリビア、アルゼンチン
開花サイズ	直径 3〜7cm 高さ 3〜7cm

栽培難易度	水やり	夏の遮光	花の香り
容易	週2以上	40%	なし

葉には淡いトリコームをまとい、イチゴミルクのような乳
白ピンクの愛らしい花を咲かせる魅力種。直径が3cmほど
の小型タイプから7cmほどになる大型タイプも知られてい
る。以前はT.unca（ウンカ）と呼ばれた、より大型の種が
存在したが現在は本種に統合されている。

ティランジア・アトロヴィリディペタラ
Tillandsia atroviridipetala

タイプ	エアー
分 布	メキシコ
開花サイズ	直径 5～10cm 高さ 5～10cm

栽培難易度	水やり	夏の遮光	花の香り
やや難しい	週2以上	40%	なし

メキシコの固有種で濃い緑色の特徴的な花を咲かせる。草姿がよく変異も多いことから人気のある種だが、入手、栽培ともにやや難しい。日本の夏場は暑すぎるため風通しのよい涼しい場所で水やりを多めに管理する。var. longepedunculata（ロンゲペドゥンクラータ）などの変種が知られるが、T.yagulensis（ヤグレンシス）など以前本種の変種だったものは一部、独立種とされている。また本種の大型フォームの'Tonala'（トナラ）は別種 T.boqueronensis（ボケロネンシス）とされている。

ティランジア・ベイレイ
Tillandsia baileyi

タイプ	エアー
分 布	アメリカ（テキサス州）～メキシコ南部
開花サイズ	直径 10～15cm 高さ 15～20cm

栽培難易度	水やり	夏の遮光	花の香り
容易	週2以上	40%	なし

株元がふくらんでつぼのような草姿になる、いわゆる「つぼ型」タイプのポピュラー種。プセウドベイレイ（P.114参照）と間違われるが、本種はサイズが小さく葉は軟質。銀葉で葉裏の筋が目立たないため区別は容易。成長は早めで開花しなくても子株を出して群生しやすい。栽培はいたって簡単で入門種としてもおすすめ。本種のヴィヴィパラフォームである'Halley's Comet'（ハリーズコメット）も知られている。

ティランジア・バルビシアナ
Tillandsia balbisiana

タ イ プ	エアー
分　布	フロリダ、メキシコ〜中米、コロンビア、ベネズエラ
開花サイズ	直径　35〜50cm 高さ　35〜50cm

栽培難易度	水やり	夏の遮光	花の香り
普通	週2以上	40%	なし

基部がつぼ型になり、やや硬質の葉が優雅にカールする美しい種。成長した本種の持つ曲線美をぜひ知って欲しい。着生してしまえば丈夫で開花しやすい。主にグアテマラから輸入される個体が流通するが不定期で、欲しいときにない種でもある。

photo／T.Omika

ティランジア・バンデンシス
Tillandsia bandensis

タ　イ　プ	エアー
分　　布	ボリビア～アルゼンチン
開花サイズ	直径　約5cm 高さ　約5cm

栽培難易度	水やり	夏の遮光	花の香り
普通	週2以上	40%	あり

香りのよい紫色のかわいい花を咲かせる小型種。環境がよいと毎年のように開花し、扇状にクランプを形成する。一般に流通する系統は花を付けやすいが、咲きにくい系統や葉のトリコームが少ない系統も知られている。マレモンティー（P.106参照）に近縁だが、本種のほうがより栽培は容易。

photo/T.Omika

photo/T.Omika

ボリビアのタリハ県ビヤモンテス（Villa Montes, Tarija, Bolivia）で採集された個体。よく流通する個体に比べて葉はがっしりした印象で、花色は薄くラベンダー色になるのが特徴

ティランジア・バルトラミー
Tillandsia bartramii

タ イ プ	エアー
分　布	アメリカ、メキシコ、グアテマラ
開花サイズ	直径　10 〜 15cm 高さ　10 〜 20cm

栽培難易度	水やり	夏の遮光	花の香り
容易	週2以上	40%	なし

ジュンセア（P.98参照）を小型にしたような草姿でトリコームが多く美しい種。細い葉からグラス系と称されることもある。子株をよく付けて増殖するが、草姿がコンパクトなため場所を取らない。鉢に置いて栽培してもコルクなどに着生させ吊るしてもよく成長する。強健種で水切れに強く入門種としておすすめ。

ティランジア・ベルゲリ
Tillandsia bergeri

タ イ プ	エアー
分　布	アルゼンチン
開花サイズ	直径　8 〜 12cm 高さ　15 〜 20cm

栽培難易度	水やり	夏の遮光	花の香り
容易	週2以上	30%	なし

ポピュラー種だが流通しているものはアエラントス（P.39参照）などの他種と交雑したものも多いのが現状。種の同定には花の確認が必要で本種の花弁は薄紫色で長く、よじれるのが特徴。ただし花を付けづらい面もあり、うまく開花させるには冬期に日当たりよく管理するのがコツ。高い耐寒性があり過去には−7℃に耐えたことがある。温暖な地域では屋外越冬も可能だろう。本種は開花しなくても子株をよく付け群生しやすく、また耐暑性もあり強健で入門種として特におすすめしたい。

ティランジア・ベルゲリ・マジョール
Tillandsia bergeri 'Major'

タ イ プ	エアー
分 布	アルゼンチン
開花サイズ	直径 約15cm 高さ 25〜35cm

栽培難易度	水やり	夏の遮光	花の香り
容易	週2以上	30%	なし

ベルゲリの大型になる品種。茎がよく伸長することから
カウレッセントフォームとも呼ばれ、開花サイズに成長
した株はとても見応えがある。栽培に関しては基本種と
同様で問題なく、強健で栽培しやすいタイプだ。

マジョールの花弁も基本種と同じく薄紫色でよじれる

ティランジア・ベルメホエンシス
Tillandsia bermejoensis

ボリビアの固有種で、種名はボリビアとアルゼンチン
の国境を流れるベルメホ川にちなむ。丈夫で開花しな
くても子株を出して増殖する。コンパクトな草体から
立派な花序を出し、白く大きな花を咲かせるのも魅力。

photo/T.Omika

タ イ プ	エアー
分 布	ボリビア
開花サイズ	直径 10〜20cm 高さ 10〜20cm

栽培難易度	水やり	夏の遮光	花の香り
容易	週2以上	30%	なし

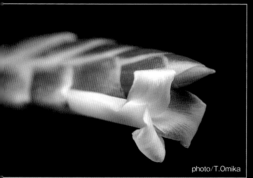

photo/T.Omika

大きな花序に白い三弁花を付ける

ティランジア・ビフローラ
Tillandsia biflora

タイプ	タンク
分布	コスタリカ、ペルーなど
開花サイズ	直径　約15cm 高さ　約10cm

栽培難易度	水やり	夏の遮光	花の香り
難しい	週3以上	40%	なし

タンクタイプとしては極めて小型でコンパクトな草姿にえんじ色の斑が密に入り、妖しい雰囲気を醸し出す魅力種。愛好家の間では人気が高いが入手は難しい。筆者の所でもよく開花するが年々小型化してしまい、3年以上の長期維持に苦労する。夏に暑がるため30℃を超えない環境で水やりを頻繁に行ない、常に株元に水を溜めて管理する。温度の問題さえクリアすれば栽培は難しくない。

ティランジア・ブラキカウロス・セレクタ
Tillandsia brachycaulos 'Selecta'

タイプ	エアー
分布	メキシコ〜パナマ
開花サイズ	直径　15〜20cm 高さ　7〜10cm

栽培難易度	水やり	夏の遮光	花の香り
容易	週3以上	40%	なし

複数の系統が知られるが、株の中心が伸長しないものが基本種とされる。セレクタは葉の表面のトリコームがほとんど見られずつやがあり、開花時に全草が真っ赤に染まる選抜品種。緑葉種で水を好み常に高い湿度を保つとよく成長するため、鉢に置いて管理するとよい。本種は*T.capitata*（カピタータ）の名で流通したり、また、別種の*T.velutina*（ヴェルティナ P.146参照）が*T.brachycaulos* 'Multiflora'（ブラキカウロス・ムルチフローラ）の名で販売されることもある。

ティランジア・ブラキフィラ
Tillandsia brachyphylla

タイプ	エアー
分布	ブラジル
開花サイズ	直径　4cm 高さ　8〜10cm

栽培難易度	水やり	夏の遮光	花の香り
難しい(?)	週2以上	30%	なし(?)

短い葉という意味の種名を持つブラジル産の濃いピンクの
花を咲かせる種。びっしりとトリコームに覆われた白い葉
が美しく、草姿は縦長の紡錘形となる。リオデジャネイロ
州の自生地では海岸沿いの標高800〜850mの切り立った崖
に着生。以前から流通するが数が少なく入手は難しい。ビ
ビりながら手探りで栽培しているため不確定なところも多
いが、7℃の室温でも育ち湿度が高めのほうが調子はよい
と言える。

photo／T.Omika

ティランジア・ブリオイデス
Tillandsia bryoides

タイプ	エアー
分布	ペルー、ボリビア、アルゼンチン
開花サイズ	直径　3〜8mm 高さ　2〜4cm

栽培難易度	水やり	夏の遮光	花の香り
普通	週2以上	40%	あり

開花サイズの高さが2〜4cmほどの極小型種で、香りのあ
る愛らしい黄花を咲かせる。マニアックな種が顔をそろえ
るディアフォランテマ亜属の中では、よく知られた存在。
育成には湿度が高い方がよく、乾かしすぎはよくない。鉢
植えもしくは流木などに着生させて管理するとよいだろう。
自家受粉しやすく開花後に種子を付けることも多い。

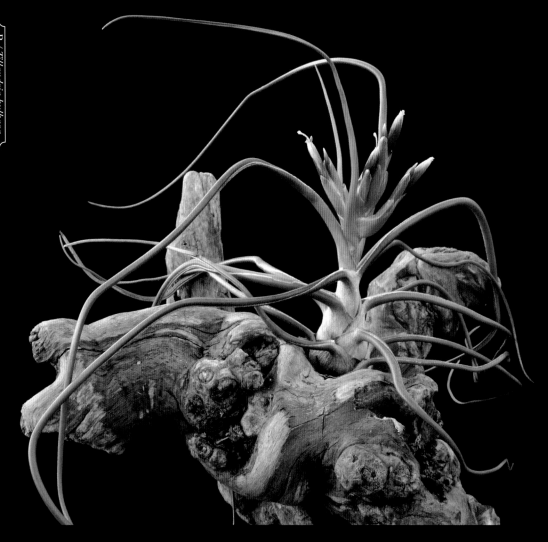

ティランジア・ブルボーサ
Tillandsia bulbosa

タイプ	エアー
分　布	メキシコ〜ブラジル
開花サイズ	直径　6 〜 30cm 高さ　6 〜 30cm

栽培難易度	水やり	夏の遮光	花の香り
普通	週3以上	40%	なし

中米から南米まで広範囲に分布するポピュラー種で小型〜大型まで変異が多い。つぼ型の基部から筒状の葉をくねらせる、植物とは思えないような外見が魅力。開花時には花序が真っ赤に染まる。緑葉種の扱いで乾かしすぎはよくない。高めの空中湿度を保てない場合は多めの水やりでカバーする。鉢に置いて管理するのもおすすめ。

真っ赤な花苞と濃い紫花の
コントラストが絶妙
photo/T.Omika

ティランジア・ブルボーサ・アルバ
Tillandsia bulbosa forma *alba*

タ　イ　プ	エアー
分　　布	コスタリカ
開花サイズ	直径　約12cm 高さ　約12cm

栽培難易度	水やり	夏の遮光	花の香り
普通	週3以上	40%	なし

ブルボーサの白花品種。開花時の花序が鮮や
かなクリームイエローに染まるのが大きな特
徴。通常は赤くなる種が黄色になるところが、
マニアの心をくすぐる。非常に人気が高いも
のの残念ながら流通量はかなり少ない。滝沢
弘之氏により記載された。

ティランジア・ブルボーサ・レッドブル
Tillandsia bulbosa 'Red Bull'

タ　イ　プ	エアー
分　　布	グアテマラ
開花サイズ	直径　約12cm 高さ　約12cm

栽培難易度	水やり	夏の遮光	花の香り
普通	週3以上	40%	なし

グアテマラ産のブルボーサの中から見付かっ
た選抜個体。栽培品種名の命名は筆者による。
植物体全体が、常時赤みが強いのが特徴。栽
培は通常のものと同様で問題ない。

ティランジア・ブッツィー
Tillandsia butzii

タ イ プ	エアー
分 布	メキシコ～パナマ
開花サイズ	直径　15 ～ 25cm 高さ　15 ～ 25cm

栽培難易度	水やり	夏の遮光	花の香り
普通	週3以上	40%	なし

つぼ型の草姿に斑模様と長くうねる葉を持つ、妖しいオーラをまとった魅力種。筆者が本種を初めて見た時の感動は今も忘れられない。広く普及し入手は容易だが、しっかり成長させるには空中湿度を高めるか水やりを多めにすること。ブルボーサ（P.54参照）と同様の管理でよいだろう。開花しなくても子株を出しクランプになりやすい。

花苞が大きく、開花時には特に目立つ存在となる

ティランジア・カクティコラ
Tillandsia cacticola

タイプ	エアー
分 布	ペルー
開花サイズ	直径　20 〜 30cm
	高さ　10 〜 15cm

栽培難易度	水やり	夏の遮光	花の香り
普通	週2以上	40%	なし

淡い紫色の大きな花苞を持ち、先端が紫色に染まるクリーム色の花を咲かせる美種。カクティコラの名はサボテンに着生することにちなむが、サボテンと同じように乾燥気味に育てるとうまくいかない。置いて管理するだけでは開花を繰り返し、子株をひとつだけ出すだけで、いっこうに殖えない場合が多い。高湿度を保ち根を張らせて栽培し、施肥などを考慮するのも方法だろう。茎を30cmほど伸ばすカウレッセントフォームも知られる。

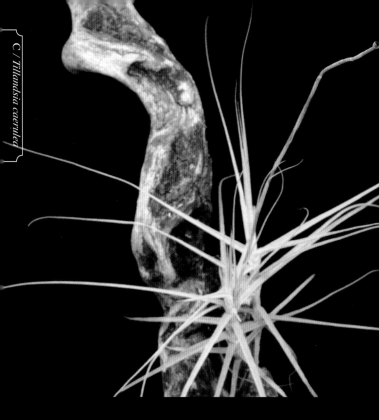

ティランジア・カエルレア
Tillandsia caerulea

タイプ	エアー
分　布	エクアドル、ペルー
開花サイズ	直径　10 〜 20cm 高さ　10 〜 20cm

栽培難易度	水やり	夏の遮光	花の香り
普通	週3以上	40%	あり

甘い香りを放つ紫花を咲かせ、花茎は40cmに達することもある。その姿はまるである種のランのようで優雅。湿度を高く保つか水やりを多めにすることが大切で、鉢に植えて湿度を高めるのもよいだろう。開花しなくても時々子株を出して群生する。また株の直径が5cmほどの小型タイプも知られ、より群生しやすい。

ティランジア・カリギノーサ
Tillandsia caliginosa

タイプ	エアー
分　布	ボリビア、アルゼンチン、ウルグアイ
開花サイズ	直径　12 〜 20cm 高さ　8 〜 15cm

栽培難易度	水やり	夏の遮光	花の香り
容易	週2以上	40%	あり

小型の種が多いディアフォランテマ亜属の中ではかなり大きくなり、株の直径は20cmに達する。花は小さいものの香りがあり、花弁の色は黄色地に茶色の斑が入るものが多く、黄色単色のものもある。葉が互生しながら広がる姿は特徴的で、一度は栽培してみたくなる種だ。開花しなくても子株を出すのでクランプになりやすい。

黄色の花弁に茶斑が入る
花には芳香性がある

ティランジア・カピタータ・ドミンゲンシス

Tillandsia capitata 'Domingensis'

タ イ プ	エアー
分　布	ドミニカ、キューバ
開花サイズ	直径　10 ～ 12cm 高さ　8 ～ 10cm

栽培難易度	水やり	夏の遮光	花の香り
普通	週3以上	40%	なし

カピタータとして扱われるものにはイエロー
やマロン、メキシカンピーチ、ルブラ、レッド、
オレンジなど様々な栽培品種が存在する。そ
の中で本栽培品種や次ページで紹介している
カピタータ類似種が基本種ではないかと言わ
れており、今後の検証が待たれるところ。本
品種は通常時でも全草が赤みを帯び美しい。
寒さに弱いため冬季は8℃以上の温度で管理
する。

ティランジア・カピタータ・イエロー

Tillandsia capitata 'Yellow'

タ イ プ	エアー
分　布	メキシコ
開花サイズ	直径　約45cm 高さ　約20cm

栽培難易度	水やり	夏の遮光	花の香り
容易	週3以上	40%	なし

カピタータには栽培品種が複数あるが、花序
が鮮やかな黄色に染まるものには本栽培品種
の他マロンやオールドゴールドなどが知られ
る。開花サイズの直径が約45cmに達し迫力
があり、開花時には黄色の花序と紫の花のコ
ントラストが素晴らしい。水やりをやや多め
で鉢植えにして発根させると調子がよい。開
花サイズまでじっくり育ててみたい品種だ。

ティランジア・カピタータ類似種

Tillandsia aff. capitata

タ イ プ	エアー
分　布	メキシコ
開花サイズ	直径　約15cm 高さ　約15cm

栽培難易度	水やり	夏の遮光	花の香り
容易	週3以上	40%	なし

aff.カピタータとは「カピタータに似た種」という意味。前ページのドミンゲンシスと同じように普段から葉が赤みを帯び、開花時には花序や葉がさらに赤くなる。栽培は他のカピタータ同様に容易で発根させると調子がよい。カピタータにはいくつもの品種や類似種があり、コレクションして差を楽しむのもおもしろいだろう。

ティランジア・カプトメドゥーサエ

Tillandsia caput-medusae

タ イ プ	エアー
分　布	中米
開花サイズ	直径　10〜20cm 高さ　10〜30cm

栽培難易度	水やり	夏の遮光	花の香り
容易	週2以上	40%	なし

種名は「メドゥーサの頭」の意味。その草姿がギリシャ神話に登場するヘビの頭髪を持つ怪物メドゥーサを思わせることからの命名。つぼ型で葉をくねらせる様は妖しく美しい。入手の容易な入門種で、花付きもよく栽培は容易。

ティランジア・カルミネア
Tillandsia carminea

タイプ	エアー
分　布	ブラジル
開花サイズ	直径　5 ～ 6 cm 高さ　7 ～ 10cm

栽培難易度	水やり	夏の遮光	花の香り
難しい	週2以上	40%	なし

小型でコンパクトにまとまった形のよい草姿と大きな花が魅力。種名は花苞の色がカーミン色になることが由来。人気は高いが入手、栽培ともに難しく、それだけに上手く育てた時の喜びは大きい。栽培のポイントはいかに発根、活着させるかに尽きる。そこでまずは鉢植えで育てて、早めの発根を促すのがよいだろう。根が活着しさえすれば栽培は難しくない。

ティランジア・カウレッセンス
Tillandsia caulescens

タ イ プ	エアー
分　布	ペルー、ボリビア
開花サイズ	直径　7 〜 15cm 高さ　10 〜 20cm

栽培難易度	水やり	夏の遮光	花の香り
普通	週3以上	40%	なし

種名は「有茎の」という意味で、その名の通り茎が伸びて立ち上がる。赤い花苞と白い花弁のコントラストが美しく、直線的なつやのある緑葉も魅力だ。開花サイズの株は大きな葉を広げて、とても見栄えのする姿となる。湿度を高めに保つか水やりを多めで管理すると調子がよい。

ビビッドな赤い花序を突出させる様は素晴らしい

ティランジア・チャペウエンシス
Tillandsia chapeuensis var. *chapeuensis*

タ イ プ	エアー
分　布	ブラジル
開花サイズ	直径　15 〜 30cm 高さ　15 〜 30cm

栽培難易度	水やり	夏の遮光	花の香り
普通	週2以上	30%	なし

ブラジルの固有種でガルドネリ（P.79参照）に近縁。自生地では岩場などで見られる岩着生種。ガルドネリよりも葉が細く、花序が分岐し直立する。栽培に関してはガルドネリと同様で問題ないが成長はやや遅い。入荷状態さえよければ栽培は難しくない。

photo/T.Omika

ティランジア・チャペウエンシス・チュリフォルミス
Tillandsia chapeuensis var. *turriformis*

タイプ	エアー
分　布	ブラジル
開花サイズ	直径　約25cm
	高さ　約25cm

栽培難易度	水やり	夏の遮光	花の香り
普通	週2以上	30%	なし

チャペウエンシスの変種で基本種に比べて葉幅はやや広い。ローズピンクの花を付ける。記載は2012年だが日本には2005年にsp.モーホ・ド・シャペウの名で初めて入ってきた。筆者はそれを入手し、じっくり育て約10年後の2015年に初開花。それがこの写真の個体である。トリコームに覆われた白くカールする葉、その独特の草姿から人気が高いのもうなずける。ガルドネリと同様の管理でよいが発根しづらいため、コルクに挟んで鉢植えし平置きで育てるとよいだろう。

photo/M.Tanaka

63

photo/T.Omika

ティランジア・チアペンシス
Tillandsia chiapensis

タ イ プ	エアー
分　布	メキシコ
開花サイズ	直径　25～50cm 高さ　25～50cm

栽培難易度	水やり	夏の遮光	花の香り
容易	週2以上	30%	なし

メキシコの東南部に産する。トリコームが花苞や葉全体に乗り、湾曲する葉も相まって非常にエレガントな種。草体に比して驚くほど大きなサーモンピンク色の花序を出し、青紫色の筒状花を咲かせる。乾燥にとても強いのも魅力で、着生させたほうが俄然成長は早い。

ティランジア・シルシナトイデス
Tillandsia circinnatoides

タ イ プ	エアー
分　布	アメリカ（フロリダ州）、メキシコ
開花サイズ	直径　3 ～ 5cm 高さ　10 ～ 15cm

栽培難易度	水やり	夏の遮光	花の香り
やや難しい	週2以上	30%	なし

筋が目立つ硬い葉でタイトな草姿をした風変わりな種。明るい環境で乾燥気味に育てるとよい。株元の水の停滞を嫌い、筆者の所では以前、日陰で過湿な環境に置いたところ芯が腐ってしまったことがある。また鉢に植えるよりも流木などに活着させた株の方が調子がよい結果が見られた。

ティランジア・ココエンシス
Tillandsia cocoensis

タ イ プ	エアー
分　布	ブラジル
開花サイズ	直径　5cm 高さ　10cm

栽培難易度	水やり	夏の遮光	花の香り
容易	週2以上	40%	なし

ブラジルのリオデジャネイロ州北部のモーホ・ド・ココ（Morro do Coco）で発見されたテヌイフォリアに似たティランジア。茎立ちし白い愛らしい花を咲かせるが、開花しなくても子株を出して増殖する。2000年以前にドイツから入手した際はとても貴重な存在であったが、現在では比較的入手しやすくなった。以前の系統に比べると現在流通しているものはよく開花する。なお2023年時点でココエンシスは学術的に記載されていないため、*Tillandsia* Cocoensis と表記されることもある。

ココエンシスの白く
可憐な三弁花

photo/T.Omika

photo/T.Omika

ティランジア・コマラパエンシス
Tillandsia comarapaensis

タ イ プ	エアー
分　布	ボリビア
開花サイズ	直径　10 ～ 35cm 高さ　7 ～ 20cm

栽培難易度	水やり	夏の遮光	花の香り
容易	週2以上	40%	なし

ボリビアの固有種。コンパクトで形のよい草姿で、ディディスティカ（P.67参照）と近縁だとされている。本種は花弁が紫色。花芽が上がってから花が終わるまでは半年ほどかかり、長い期間花を楽しめる。栽培時は活着させると調子がよい。

ティランジア・コンコロール・ラージフォーム
Tillandsia concolor（Large form）

タ イ プ	エアー
分　布	メキシコ、エルサルバドル
開花サイズ	直径　10 ～ 35cm 高さ　7 ～ 20cm

栽培難易度	水やり	夏の遮光	花の香り
普通	週2以上	40%	なし

ティランジアには珍しいピンクの筒状花を咲かせる美種。一見軟らかそうな葉は硬く折れやすいので扱いはていねいに。成長にしたがって長い葉を密生させ、立派に育った個体は見応え十分。栽培は難しくないが写真のラージフォームは日本では小さい株のうちに開花してしまうことが多く、なかなか大きく育てにくいという面が見られる。筆者の所では活着させた個体は、よい結果が得られている。

ティランジア・クロカータ
Tillandsia crocata

タイプ	エアー
分　布	ブラジル、ボリビア、ウルグアイ、アルゼンチン
開花サイズ	直径　5 ～ 15cm 高さ　5 ～ 15cm

栽培難易度	水やり	夏の遮光	花の香り
普通	週2以上	40%	あり

繊細な銀葉に香りのある大きな黄色い花を咲かせる魅力種。子株をよく付けクランプになりすいため、ぜひ群生美を楽しんでほしい。空中湿度のある明るい環境を好み、環境が合うと、ふわっとしたトリコームで覆われた葉を展開し大変美しい。植物体が長時間濡れているのを嫌うため株元の枯葉などはまめに取り除くなど、水やり後には株元に長期間水が停滞しないように注意したい。なお、crocata forma major や crocata var. tristis は現在カリギノーサ（P.58参照）とされている

ティランジア・ディディスティカ
Tillandsia didisticha

タイプ	エアー
分　布	ボリビア、ブラジルなど
開花サイズ	直径　10 ～ 25cm 高さ　6 ～ 20cm

栽培難易度	水やり	夏の遮光	花の香り
普通	週2以上	40%	なし

コマラパエンシス（P.66参照）に似るが、本種の花が白花なのに対しコマラパエンシスは紫色。分布域が広くサイズや葉幅の広さなどに差異が見られる。成長はやや遅めだが、じっくり育てた個体は非常に美しいロゼットを見せてくれる。本種の栽培も活着が決め手となる。

黄色くよじれる花弁が独特

ティランジア・ディスティカ
Tillandsia disticha

タイプ	エアー
分　布	コロンビア、エクアドル、ペルー
開花サイズ	直径　15 〜 30cm 高さ　15 〜 30cm

栽培難易度	水やり	夏の遮光	花の香り
普通	週2以上	40%	なし

つぼ型の草姿に他種には見られない形状をした花も魅力。変異が多い種で、一般に流通するのは高さ20cmほどのもの。中にはランナーで殖えるものや、開花時の高さが60cmにもなるラージフォームも存在する。発根させて活着させるのが栽培のコツ。グリーンフォームも知られ、そちらは多めの水やりがおすすめ。

葉のトリコームが目立たないディスティカ
のグリーンフォーム（Green form）

photo/T.Omika

ティランジア・ドロセアエ
Tillandsia dorotheae

タ イ プ	エアー
分　布	アルゼンチン
開花サイズ	直径　約7cm 高さ　約10cm

栽培難易度	水やり	夏の遮光	花の香り
普通	週2以上	40%	なし

アルベルティアナ（P.42参照）に近い種で、高山植物のようなピンク色の可憐な花を咲かせる。アルベルティアナとアルゼンチナ（P.46参照）の交雑種という説もある。アルベルティアナと異なり花付きがよい。入手はやや難しいが、マニアなら一度は栽培してみたいコレクターズアイテムであろう。

互生する葉に可憐な花が魅力

69

ティランジア・ドゥラティー・サクサティリス

Tillandsia duratii var. *saxatilis*

タ イ プ	エアー
分 布	ボリビア、パラグアイなど
開花サイズ	直径 15 ～ 50cm 高さ 15 ～ 80cm

栽培難易度	水やり	夏の遮光	花の香り
容易	週2以上	40%	あり

長い葉の先はカールし、木の枝に絡まって巨大に成長する。一般にドゥラティーの名で流通するものは、ほとんどが本変種だ。基本変種の *T.duratii* var. *duratii*（ドゥラティー・ドゥラティー）は、花茎に付く花苞が反らず、サクサティリスでは花苞が反りながら付く点で異なる。栽培は容易で開花後は花茎の基部から新芽が出て成長する。

大きな紫色の花には芳香性があり、甘い香りが漂う

ティランジア・エディシアエ・アラウカリフォリア
Tillandsia edithae var. *araucariifolia*

タ イ プ	エアー
分　布	ボリビア
開花サイズ	直径　6〜10cm 高さ　15〜30cm

栽培難易度	水やり	夏の遮光	花の香り
容易	週2以上	40%	なし

短い肉厚の葉を出して茎立ちし、真っ赤な花を咲かせる美種。人気が高いが入手は難しく、高嶺の花になっているのが現状。栽培は容易で開花しなくても子株を出すが、成長が遅いために、なかなか流通しない。以前は'ミノール'（*T. edithae* var. *minor*や*T. edithae* 'minor'）と呼ばれていた。

photo/K.Fujikawa

ティランジア・エーレルシアナ
Tillandsia ehlersiana

タ イ プ	エアー
分　布	メキシコ
開花サイズ	直径　20〜50cm 高さ　20〜40cm

栽培難易度	水やり	夏の遮光	花の香り
容易	週2以上	30%	なし

草姿がつぼ型になる人気種。小さいうちは子株を複数付け、なかなか大きくならない。ところが発根、活着して環境が整うと、その中の大きな株が急激に成長し、その後はあまり子株を出さずに徐々に大きくなっていく。寒さ暑さにも強く栽培は容易。開花するまでは時間がかかるが、大きく育った株は巨大なつぼ型になり迫力十分。気長にじっくり育てたい。

71

photo/T.Omika

photo/T.Omika

開花後は複数のランナーを出して殖えることが多い

photo/T.Omika

真っ赤な花序と青い筒状花のコントラストが見事

ティランジア・エスピノーサエ
Tillandsia espinosae

タ イ プ	エアー
分　布	エクアドル、ペルー
開花サイズ	直径　10 〜 25cm 高さ　10 〜 25cm

栽培難易度	水やり	夏の遮光	花の香り
容易	週2以上	30%	なし

以前はフリーセア属とされていた種で、現在はティランジア属のプセウドフリーセア亜属に分類されている。硬い葉のコンパクトな愛らしい草姿が魅力で、赤い花序と青紫色の筒状花のコントラストが素晴らしい。成長は遅く開花させるには根気も必要だが、そのぶん開花したときの感動は大きい。乾燥にとても強く栽培は容易。明るい環境で育てるとランナーを出しながら群生する。エクアドル産の大型個体も知られている。

ティランジア・エクセルタ
Tillandsia exserta

タ イ プ	エアー
分　布	メキシコ
開花サイズ	直径　15 〜 45cm 高さ　15 〜 45cm

栽培難易度	水やり	夏の遮光	花の香り
容易	週2以上	40%	なし

葉は硬めで湾曲し、まるで細葉のキセログラフィカ（P.149参照）といったような繊細な印象を受ける。長い花茎を伸ばし、赤みの強い花苞に紫の花を咲かせる様が美しい。栽培はいたって簡単で、葉数が増えてくると実に見栄えがする。葉が折れやすいので、扱いには注意したい。

花苞と筒状化の色彩のコントラストが美しい

ティランジア・
ファシクラータ
Tillandsia fasciculata

タ イ プ	エアー
分　布	アメリカ（フロリダ州）〜コスタリカ
開花サイズ	直径　20 〜 80cm 高さ　15 〜 35cm

栽培難易度	水やり	夏の遮光	花の香り
容易	週2以上	40%	なし

分布域が広く変種が多い。コンコロール（P.66参照）に似るが本種はより大型になり、コンコロールの花がピンク色なのに対して本種は紫色。鉢植えや着生させると成長が格段によくなり、また屋外で栽培する際は葉の付け根に常に水を溜めておくと調子がよい。大型になるティランジアの入門種としておすすめ。

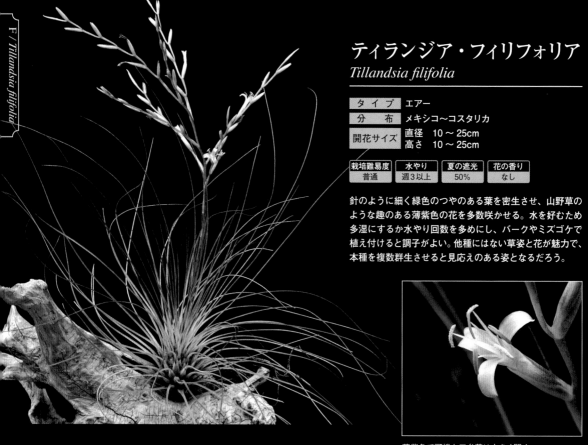

ティランジア・フィリフォリア
Tillandsia filifolia

タ イ プ	エアー
分　布	メキシコ〜コスタリカ
開花サイズ	直径　10 〜 25cm 高さ　10 〜 25cm

栽培難易度	水やり	夏の遮光	花の香り
普通	週3以上	50%	なし

針のように細く緑色のつやのある葉を密生させ、山野草の
ような趣のある薄紫色の花を多数咲かせる。水を好むため
多湿にするか水やり回数を多めにし、バークやミズゴケで
植え付けると調子がよい。他種にはない草姿と花が魅力で、
本種を複数群生させると見応えのある姿となるだろう。

薄紫色で可憐な三弁花は大きく開く

ティランジア・フォリオサ
Tillandsia foliosa

タ イ プ	エアー
分　布	メキシコ
開花サイズ	直径　30 〜 40cm 高さ　30cm

栽培難易度	水やり	夏の遮光	花の香り
容易	週3以上	40%	なし

つやのある葉を持つメキシコ産の緑葉種。鮮
やかな赤い花序を伸ばし青紫色の筒状花を付
ける様は素晴らしく、一見の価値あり。バー
クと軽石で鉢に植え付け、多めの水やりで管
理すると成長が早く花付きもよい。

ティランジア・フクシー
Tillandsia fuchsii var. *fuchsii*

タイプ	エアー
分　布	メキシコ
開花サイズ	直径　8〜13cm
	高さ　8〜13cm

栽培難易度	水やり	夏の遮光	花の香り
容易	週2以上	40%	なし

フクシーの基本変種。細い葉を密生させる草姿は、まるでウニのようでおもしろい。日当たりがよいと花序が赤くなり美しい姿が楽しめる。フクシー・グラシリスよりも葉幅が広く、成長は若干遅め。じっくりと育てたい。花序の色が赤紫がかる var. *stephanii*（ステファニー）も知られるが、流通量は極端に少ない。

photo/T.Omika

ティランジア・フクシー・グラシリス
Tillandsia fuchsii forma *gracilis*

タイプ	エアー
分　布	グアテマラ
開花サイズ	直径　8〜13cm
	高さ　8〜13cm

栽培難易度	水やり	夏の遮光	花の香り
容易	週2以上	40%	なし

基本種のフクシー・フクシーよりも細い葉を持つ。流通しているフクシーのほとんどが本品種。栽培は容易なものの夏はやや暑がり、外葉から枯れ込むことがある。夏期は涼しい場所で水やりを多めに管理するとよい。湿度が不足すると葉先が枯れ込むので、水やりの目安にしたい。本品種も長い花茎を出して開花する。

photo / T.Omika

ティランジア・フンキアナ
Tillandsia funckiana

タイプ	エアー
分　布	ベネズエラ
開花サイズ	直径　2～5cm 高さ　15～20cm

栽培難易度	水やり	夏の遮光	花の香り
普通	週2以上	40%	なし

ベネズエラの固有種。有茎種の代表的存在であり、鮮やかな朱赤の花を咲かせる美種。トリコームが多いものや少ないもの、葉が閉じたまま成長するクローズドフォームなど変異も見られる。花が咲かなくてもよく子株を付け群生し、素晴らしい株となる。寒さに弱いため冬期は10℃以上を保ち、低温下では乾かし気味に管理する。

基本種とは異なり葉が外側に開かないクローズドフォーム（closed form）

photo/ T.Yamamoto

photo/ T.Yamamoto

ティランジア・フンキアナ・ドミンゴスフンキアナ
Tillandsia funckiana 'Domingo's Funckiana'

タ イ プ	エアー
分　布	－
開花サイズ	直径　2～5cm 高さ　15～20cm

栽培難易度	水やり	夏の遮光	花の香り
普通	週2以上	40%	なし

基本種や変種は赤い花だが、これは黄色い花を咲かせるフォーム。Jerry Domingo氏により赤花のフンキアナ同士を交配して誕生した色素変異体。栽培に関しては通常のフンキアナに準じる。

ティランジア・フンキアナ・
レクルヴィフォリア
Tillandsia funckiana var. *recurvifolia*

タ イ プ	エアー
分　布	ベネズエラ
開花サイズ	直径　2～5cm 高さ　15～20cm

栽培難易度	水やり	夏の遮光	花の香り
普通	週2以上	40%	なし

フンキアナ（P.76参照）の変種で、葉が株の片側に湾曲しながら展開するのが大きな特徴。流通量は基本種に比べるとだいぶ少ないが、フンキアナ好きにはぜひ栽培してほしい。栽培は基本種に準じて問題なく、冬の寒さに当てないよう注意したい。

photo/T.Omika

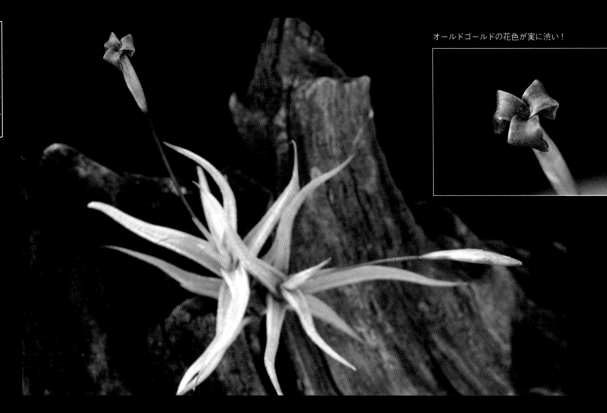

オールドゴールドの花色が実に渋い！

ティランジア・フネブリス
Tillandsia funebris

タイプ	エアー
分　布	ボリビア、パラグアイ、アルゼンチン
開花サイズ	直径　2 ～ 6cm 高さ　1.5 ～ 4cm

栽培難易度	水やり	夏の遮光	花の香り
容易	週2以上	40%	あり

茶系の愛らしい花を咲かせる小型の魅力種。花色には変化がありコレクション性が高い。オールドゴールドや、こげ茶色、レンガ色の花もあり興味は尽きない。栽培は容易で花付きもよいほう。未開花の株なら、どのような花色になるかワクワクしながら栽培を楽しめるだろう。ディアフォランテマ亜属の入門種としてもおすすめ。

こげ茶色は稀少カラー

ティランジア・ガルドネリ
Tillandsia gardneri

タ イ プ	エアー
分　布	コロンビア〜ブラジル
開花サイズ	直径　12 〜 30cm 高さ　12 〜 30cm

栽培難易度	水やり	夏の遮光	花の香り
普通	週2以上	40%	なし

白銀色の葉が美しい魅力種。葉は紙のように
薄く柔らかく、ピンク色の花苞に美しいロー
ズレッドの花を咲かせる。湿度が高い、やや
明るめの環境を好む。着生させないと成長が
止まったり成長点が腐ることがあるため、購
入後は素焼き鉢に植えるか、流木などに早め
に活着させて成長を促したい。立派に育った
株は存在感があり、銀葉種の魅力を教えてく
れるだろう。

ティランジア・ガルドネリ・ルピコラ
Tillandsia gardneri var. *rupicola*

タ イ プ	エアー
分　布	ブラジル
開花サイズ	直径　10 〜 20cm 高さ　10 〜 20cm

栽培難易度	水やり	夏の遮光	花の香り
普通	週2以上	40%	なし

ブラジルのリオ・デ・ジャネイロ近郊のカボ
フリオに産するガルドネリの変種。基本種と
は花色が異なり、ピンク色の花苞に薄いピン
ク〜薄紫色の花を咲かせる。基本種同様に白
銀色の葉を持つが、葉が肉厚なので区別は容
易。栽培方法は基本種と同様で問題ない。

ティランジア・ゲミニフローラ・ヴァリエガタ
Tillandsia geminiflora 'Variegata'

タ イ プ	エアー
分 布	ブラジル〜アルゼンチン
開花サイズ	直径 10 〜 20cm 高さ 8 〜 15cm

栽培難易度	水やり	夏の遮光	花の香り
普通	週3以上	40%	なし

ゲミニフローラとは「双子の花」という意味で、ひとつの花苞に2つの花が付く興味深い種。写真はゲミニフローラの斑入り個体。輸入された株の中から筆者が偶然見つけたもの。基本種の入手は難しくない。

ティランジア・ゲミニフローラ・インカナ
Tillandsia geminiflora var. *incana*

タ イ プ	エアー
分 布	ブラジル〜アルゼンチン
開花サイズ	直径 10 〜 20cm 高さ 8 〜 15cm

栽培難易度	水やり	夏の遮光	花の香り
普通	週2以上	40%	なし

ゲミニフローラの変種。基本種はほぼ緑葉だが、本変種は全草がトリコームで覆われる。ゲミニフローラは乾燥しすぎの環境では調子を崩すため、湿度を高めに保つようにしたい。花付きはよいほうで、調子よく栽培していれば2年に1度くらいのペースで開花する。

ティランジア・ゲルダエ

Tillandsia gerdae

タ イ プ	エアー
分 布	ボリビア
開花サイズ	直径 5 〜 8cm 高さ 4 〜 10cm

栽培難易度	水やり	夏の遮光	花の香り
普通	週2以上	30%	あり

クシフィオイデス（P.150参照）を小さくしたような小型種。肉厚な葉を持ち、薄紫色の可憐な花を咲かせる。成長はやや遅く開花までは時間がかかるが、開花したときの喜びは格別で育てがいのある種。やや明るめの環境を好む。

薄紫色の三弁花はフリル状で愛らしい

ティランジア・ギリエシー

Tillandsia gilliesii

タ イ プ	エアー
分 布	ボリビア、アルゼンチン
開花サイズ	直径 3 〜 6cm 高さ 3 〜 6cm

栽培難易度	水やり	夏の遮光	花の香り
難しい	週2以上	40%	あり

初めてその存在を知った時、筆者が激しく心躍らせたのが本種。肉厚で互生する葉、コンパクトな草姿、すべてが素晴らしい。1800 〜 2800mの高地に自生し、夏の高温にやや弱いため夏期は涼しい場所で管理する。株元の水の停滞に注意し、かつ乾燥しすぎずに育成に適した環境を整えることが重要。成長は遅く、薄茶色から黄色の花を咲かせる。花茎が伸びないフォームも存在する。

ティランジア・グラブリオール・イエローフラワーフォーム
Tillandsia glabrior（Yellow flower form）

タイプ	エアー
分　布	メキシコ
開花サイズ	直径　7～15cm 高さ　7～15cm

栽培難易度	水やり	夏の遮光	花の香り
容易	週2以上	40%	なし

以前はシーディアナ（P.121参照）の亜種とされていたが近年、種として再分類された。多肉質で硬い葉を持ち株が片側に湾曲、大きな花序に鮮やかな花を付ける。花苞は朱赤で花弁は黄色、下の写真のようなピンク花フォームも存在する。いずれの色も筒状花では珍しく貴重。ぜひとも花を見てほしい。栽培は容易で開花しなくても子株を出して殖える。

こちらはグラブリオール・ピンクフラワーフォーム
T. glabrior（Pink flower form）。花弁がピンク色で、また違った趣を見せる

ティランジア・グロボーサ
Tillandsia globosa

タ イ プ	エアー
分 布	ベネズエラ、ブラジル
開花サイズ	直径　10〜15cm 高さ　10〜15cm

栽培難易度	水やり	夏の遮光	花の香り
普通	週3以上	40%	なし

本種は高い湿度を好むため、多めの水やりで鉢植えにして発根させると調子がよい。筆者の所ではプラ鉢にバーク植えで好成績を得ている。作り込んで葉が密生してくると見応えがあり、赤い花苞に濃いピンクの花を咲かせた姿は見事の一言。筆者がブラジルの自生地を訪れた際、サンパウロ州の海岸に流れ込むマングローブ林内にて本種とガルドネリ（P.79参照）、ゲミニフローラ（P.80参照）の混生を確認している。このことからも、この3種は高湿度を好むことがわかる。

ティランジア・グラジエラエ
Tillandsia grazielae

タ イ プ	エアー
分 布	ブラジル
開花サイズ	直径　11〜13cm 高さ　6〜8cm

栽培難易度	水やり	夏の遮光	花の香り
やや難しい	週2以上	40%	なし

ブラジルのリオデジャネイロ州ペトロポリス近郊の岩場で見られる岩着生種。小型でトリコームに覆われた幅広の葉はマニア心をくすぐるが、流通する個体はかなり少ない。夏の暑さに弱いとの情報から筆者が怖がって強光に当てていないせいもあってか、約20年間開花していない。ラン用の冷房温室での栽培で開花例があることから、屋外よりもLED照明を使った室内栽培を一考してもいいだろう。

photo/T.Omika

ティランジア・ハリシー
Tillandsia harrisii

タ イ プ	エアー
分 布	グアテマラ
開花サイズ	直径　15～30cm 高さ　10～40cm

栽培難易度	水やり	夏の遮光	花の香り
容易	週2以上	40%	なし

銀葉種を代表する種。白銀色の姿だけでも観
賞価値が高いが、さらに赤い花苞に紫の花を
咲かせた様はほれぼれするほど。ワシントン
条約II類であるが、現地からは許可書付きで
大量に輸入されてくるため一般に広く流通し
入手しやすい。栽培は容易で入門種としても
最適。ぜひ一度は栽培してほしい。葉が折れ
やすいため、ていねいに扱いたい。

真っ赤な花苞に濃い紫の花弁が映え、見事！

ティランジア・イグネシアエ
Tillandsia ignesiae

タイプ	エアー
分　布	メキシコ
開花サイズ	直径　7〜15cm 高さ　7〜15cm

栽培難易度	水やり	夏の遮光	花の香り
やや難しい	週2以上	40%	なし

メキシコに産する細い銀葉を持つ風変わりな種。アトロヴィリディペタラ（P.47参照）やプルモーサ（P.112参照）に近縁で、長い花茎を伸ばしピンク色の花苞に緑色の花を咲かせるなど、草姿も花も特異な妖しい魅力を備える。夏場はやや暑るため涼しい場所で管理したい。

ピンク色の花苞と緑花の調和が素晴らしい

85

photo/T.Omika

ティランジア・インターメディア
Tillandsia intermedia

タイプ	エアー
分　布	メキシコ
開花サイズ	直径　20cm 高さ　30〜50cm

栽培難易度	水やり	夏の遮光	花の香り
普通	週2以上	30%	なし

以前はパウシフォリア・ディミッツデライト（*Tillandsia paucifolia* 'Dimmit's Delight'）という品種名で呼ばれ、またパウシフォリア・プロリフェラの名で流通したこともある。本種の大きな特徴は親株の根元から子株を出すだけでなく、ランナーに次々と子株を付けながら殖えるということで、このような繁殖形態をヴィヴィパラフォームという。長期維持するには着生させて明るい環境で育て肥料を与えたほうがよく、置いておくだけでは小さいうちに咲いて徐々に小型化してしまう。

photo/T.Omika

紫色の筒状花を付ける

ティランジア・イオナンタ・メキシコ
Tillandsia ionantha（Mexican form）

タイプ	エアー
分　布	メキシコ
開花サイズ	直径　3〜6cm 高さ　3〜8cm

栽培難易度	水やり	夏の遮光	花の香り
容易	週2以上	40%	なし

「イオナンタに始まりイオナンタに終わる」とも言える（終わってほしくないが…）、ティランジアの代表種。中米に広く分布し変種や地域差などが多い。小型の愛らしい草姿が人気で、コレクション性が高いのも魅力。開花時には葉色が赤や黄色くなるなど、色彩の激変ぶりが愛好家を虜にする。一般にイオナンタと言えば写真のイオナンタ・メキシコか、*ionantha*（Guatemalan form）（イオナンタ・グアテマラ）を指し、イオナンタ・メキシコはやや小型で、よく殖えクランプになりやすい。イオナンタは明るい風通しのよい環境で育てるとよい。乾燥にも強い強健種だが、濡れたまま強い日に当てることで煮え枯らしてしまう失敗がビギナーには特に多いので注意したい。イオナンタとは「スミレ色」という意で、筒状花が紫色であることからの命名。

ティランジア・イオナンタ・マキシマ
Tillandsia ionantha var. *maxima*

タ イ プ	エアー		
分　布	メキシコ		
開花サイズ	直径　7〜12cm 高さ　7〜15cm		

栽培難易度	水やり	夏の遮光	花の香り
容易	週2以上	40%	なし

メキシコのオアハカ州に産するイオナンタの大型になる変種。開花時には葉がピンクがかった赤に染まる。かつてはウアメルラ（Huamelula、メキシコの地名）と呼ばれていたが、変種として分類された。高さ15cmほどに成長した株はインパクト十分！ イオナンタは置いておくだけでも栽培可能だが、より早く育てるには着生させたほうがよい。大きくするには開花させないように、やや日陰で管理するのも方法。

ティランジア・イオナンタ・ストリクタ・ロシータ
Tillandsia ionantha var. *stricta* 'Rosita'

タ イ プ	エアー		
分　布	メキシコ		
開花サイズ	直径　3〜6cm 高さ　4〜8cm		

栽培難易度	水やり	夏の遮光	花の香り
容易	週2以上	40%	なし

メキシコのオアハカ州に産する変種。以前は写真のタイプがイオナンタ・ロシータとして流通していた。普段から葉の赤みが強く開花時には株元まで真っ赤に染まり、たいへん美しくなる。ストリクタとは「細い葉」を意味し、その名の通り葉が細いが環境によっては葉が太くなることも。やや成長が遅く若干殖えにくい。

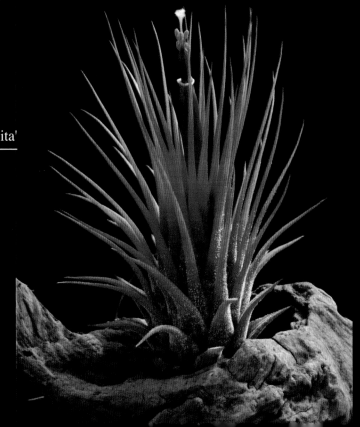

ティランジア・イオナンタ・
ストリクタ・ファスティギアータ

Tillandsia ionantha var. *stricta* forma *fastigiata*

タイプ	エアー
分　布	メキシコ
開花サイズ	直径　3〜4cm 高さ　4〜6cm

栽培難易度	水やり	夏の遮光	花の香り
容易	週2以上	40%	なし

イオナンタ・ストリクタ（P.88参照）の品種。
かつてはイオナンタ・ピーナッツと呼ばれ、
ヘーゼルナッツで流通するものも本品種と思
われる。葉先がすぼまった特徴的な草姿が魅
力で、小さくかわいいイオナンタ。開花後は
よく子株を出し群生しやすい。高山性のため
か夏の暑さにやや弱い面が見られるので、夏
場は涼しい所で管理するとよい。

ティランジア・イオナンタ・
バンハイニンギー

Tillandsia ionantha var. *van-hyningii*

タイプ	エアー
分　布	メキシコ
開花サイズ	直径　3〜6cm 高さ　5〜15cm

栽培難易度	水やり	夏の遮光	花の香り
容易	週2以上	40%	なし

有茎のイオナンタで肉厚の葉を展開しながら
茎立ちになる特異な変種。成長は他種に比べ
て遅く開花まで時間がかかる。開花時のピン
クがかった赤も魅力。開花しなくても子株を
付けて群生していく。やや寒さに弱い面が見
られるため冬場は暖かな環境で管理したい。

ティランジア・イオナンタ・アルビノ
Tillandsia ionantha 'Albino'

タ イ プ	エアー
分　布	メキシコと思われる
開花サイズ	直径　4 ～ 5cm 高さ　5 ～ 7cm

栽培難易度	水やり	夏の遮光	花の香り
容易	週2以上	40%	なし

イオナンタの白花変異。開花時に葉色が赤い
色に変化するタイプが多いイオナンタの中で
は、ドゥルイド（P.91参照）などと同じく異
質な存在。花弁は白く開花時には葉がレモン
イエローに変化する。開花後はよく子株を出
しクランプになりやすい。栽培方法は他のイ
オナンタと同様。

ティランジア・イオナンタ・アルボマルギナータ

Tillandsia ionantha 'Albomarginata'

タイプ	エアー
分　布	メキシコ
開花サイズ	直径　3 ～ 5cm 高さ　4 ～ 6cm

栽培難易度	水やり	夏の遮光	花の香り
容易	週2以上	40%	なし

葉の周囲に斑が入る白覆輪。斑が安定して入る、とても美しく観賞価値の高い栽培品種。栽培は他のイオナンタと同様で問題ない。ただし葉緑素が少ないためか、イオナンタとしては成長がやや遅い。

ティランジア・イオナンタ・ドゥルイド

Tillandsia ionantha 'Druid'

タイプ	エアー
分　布	メキシコ
開花サイズ	直径　4 ～ 6cm 高さ　5 ～ 7cm

栽培難易度	水やり	夏の遮光	花の香り
容易	週2以上	40%	なし

メキシコのベラクルーズ州で採集された複数の白花変異からのクローン。開花時に山吹色に染まる葉は絶品。環境により開花時の葉色が、ややピンクがかることがある。栽培は他のイオナンタと同様。

ティランジア・イオナンタ・フエゴ
Tillandsia ionantha 'Fuego'

タイプ	エアー
分　布	グアテマラ
開花サイズ	直径　3〜5cm 高さ　3〜7cm

栽培難易度 容易	水やり 週2以上	夏の遮光 40%	花の香り なし

小型で細身のイオナンタの栽培品種。フエゴとは「炎」を意味し、開花時には深紅に染まる。その赤さはイオナンタの中でもトップクラスだ。'90年代より流通する比較的新しい栽培品種。'Fuego Gigante'（フエゴ・ヒガンテ）や 'Fuego Red Giant'（フエゴ・レッドジャイアント）'Fuego Yellow'（フエゴ・イエロー）などの栽培品種も知られる。グアテマラのマングローブ林に産するため寒さに弱い面が見られる。開花後は子株をよく出し群生しやすい。

photo/K.Fujikawa

一般的なフエゴ（写真左）と白花変異株であるフエゴ・イエロー

大ぶりなフエゴ・レッドジャイアント

ティランジア・イオナンタ・ヒガンテ

Tillandsia ionantha 'Gigante'

タ イ プ	エアー
分 布	不明
開花サイズ	直径 約15cm 高さ 約25cm

栽培難易度	水やり	夏の遮光	花の香り
容易	週2以上	40%	なし

高さが25cmに達するイオナンタの
モンスター級巨大栽培品種。ヒガン
テはスペイン語読みで、ギガンテの
名でも流通。日当たりがよい環境で
はよく開花して小型化するため、開
花させないようやや日陰で栽培し、
じっくり大きく育てたい。この品種
に関しては開花するとちょっと悲し
く、どこまで巨大化させられるかが
腕の見せどころか。

ティランジア・イオナンタ・ピーチ
Tillandsia ionantha 'Peach'

タイプ	エアー
分 布	メキシコ
開花サイズ	直径 3 〜 4cm 高さ 4 〜 5cm

栽培難易度	水やり	夏の遮光	花の香り
容易	週2以上	40%	なし

メキシコのタスコで採集された、開花時に葉
が黄桃色に染まる可愛いらしいイオナンタの
栽培品種。筆者が本栽培品種を知った当初は
色抜けしたイオナンタくらいに感じていたが、
実際に栽培してその色彩を間近で見るにつ
け、ほれぼれするほど美しいと感じる。時折
ドゥルイド（P.91参照）がピーチの名で売ら
れることもあるが、紫色の花色を見れば一目
瞭然。栽培は他のイオナンタと同様。

ティランジア・イオナンタ・ルブラ
Tillandsia ionantha 'Rubra'

タイプ	エアー
分 布	グアテマラ
開花サイズ	直径 5 〜 10cm 高さ 5 〜 10cm

栽培難易度	水やり	夏の遮光	花の香り
容易	週2以上	40%	なし

ピンクがかった鮮やかな赤が冴えるグアテ
マラ産イオナンタの栽培品種。バランスのよ
い草姿も美しい。葉がやや軟質でトリコーム
が少なく発色がより鮮やかに見える。フエゴ
同様個体群に付いた品種名のためトリコー
ムの多さや草姿に差があるなど、いくつかの
タイプが見られる。栽培はイオナンタの中で
も特に容易。

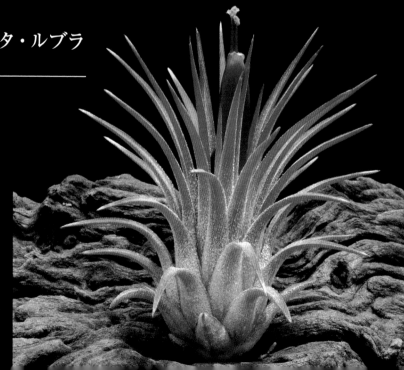

ティランジア・イオナンタ・トールヴェルヴェット

Tillandsia ionantha 'Tall Velvet'

タイプ	エアー
分　布	メキシコ
開花サイズ	直径　5 〜 7cm 高さ　7 〜 10cm

栽培難易度	水やり	夏の遮光	花の香り
容易	週2以上	40%	なし

草姿が細身で背が高いイオナンタの栽培品種。やや大型になるタイプで落ち着いた色合いがよい感じ。基本的な栽培方法は他のイオナンタと同様で問題ないが、若干寒さに弱い面が見られるため寒気にはさらさないよう管理するとよいだろう。

ティランジア・イオナンタ・ヴァリエガータ

Tillandsia ionantha 'Variegata'

タイプ	エアー
分　布	メキシコ
開花サイズ	直径　4 〜 5cm 高さ　5 〜 6cm

栽培難易度	水やり	夏の遮光	花の香り
容易	週2以上	40%	なし

イオナンタの斑入りの栽培品種。草姿はトールヴェルヴェットに似る。斑が全体にかかっていない株では子株に斑が入らないこともある。また、陽射しが強いと斑が目立ちにくく、いわゆる「斑が飛ぶ」状態になることも。斑を目立たせるには日陰で作るのもひとつの方法。試行錯誤して斑の変化を楽しむのもおもしろい。開花時には赤く染まる。

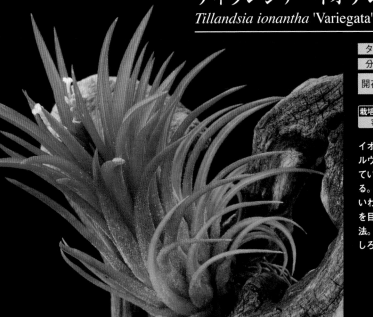

ティランジア・イキシオイデス・ドワーフ
Tillandsia ixioides 'Dwarf'

タイプ	エアー
分　布	ボリビア、アルゼンチンなど
開花サイズ	直径　約10cm 高さ　約7cm

栽培難易度	水やり	夏の遮光	花の香り
普通	週2以上	30%	あり

銀葉に黄花を付ける魅力種。写真はドワーフ
と呼ばれる小型フォームで花に香りがある。
通常のイキシオイデスは開花時の直径が15
〜 20cmと大きく花には香りはない。ドワー
フは成長が非常に遅いが、うまく発根させて
着生させれば順調に成長するだろう。花の香
りには微妙な匂いが混じるように感じるが、
それは開花させて確認してほしい。

鮮やかな黄色の三弁花がひときわ目を引く

ティランジア・イキシオイデス・ヴィリディフローラ
Tillandsia ixioides ssp. *viridiflora*

タイプ	エアー
分　布	ボリビア
開花サイズ	直径　10〜20cm 高さ　7〜13cm

栽培難易度 普通	水やり 週2以上	夏の遮光 40%	花の香り なし

以前はジュクンダの変種だったが、現在はイキシオイデスの亜種に分類された。ヴィリディフローラとは「緑の花」の意で、他種に見られない花の配色はティランジアの最高峰。基本種に比べ極めて成長が遅いが、花付きがよいため小型化する傾向がある。着生させ施肥するなど株を大きく育てることが重要。

ピンクの花苞に鮮やかな
グリーンの花弁が斬新

ティランジア・ジョネシー
Tillandsia jonesii

タイプ	エアー
分　布	ブラジル
開花サイズ	直径　10cm 高さ　15cm

栽培難易度 容易	水やり 週2以上	夏の遮光 40%	花の香り なし

2000年に新種記載された比較的新しい種。茎が長いアエラントス（P.39参照）のようで日によく当てると草体が赤く色付き、開花しなくてもよく子株を出して殖える。アエラントスよりも栽培しやすく日焼けにも強い。

photo/T.Omika

ジョネシーの青い三弁花

photo/T.Omika

ティランジア・ジュクンダ
Tillandsia jucunda

タ イ プ	エアー
分　布	ボリビア、アルゼンチン
開花サイズ	直径　10 〜 20cm 高さ　7 〜 13cm

栽培難易度	水やり	夏の遮光	花の香り
容易	週2以上	40%	なし

ピンクの花苞にクリーム色の花を咲かせる美種。栽培が容易で入門種としてもおすすめ。花付きがよく、クランプで複数株が開花した光景を見れば心癒されるだろう。個性的でやさしい色合いの花をぜひ観賞してほしい。葉が白く幅広のタイプも知られている。

花苞と花弁の色合いが絶妙で心和む

ティランジア・ジュンセア
Tillandsia juncea

タ イ プ	エアー
分　布	メキシコ〜ボリビア
開花サイズ	直径　15 〜 50cm 高さ　15 〜 50cm

栽培難易度	水やり	夏の遮光	花の香り
容易	週2以上	40%	なし

細い葉を密生させる、グラス系とも呼ばれる種。変異が大きく高さ8cmで咲く 'Dwarf'（ドワーフ）や、'Alba'（アルバ）と呼ばれる白花フォーム、ランナーを伸ばして繁殖するフォームなど、様々なフォームが知られている。ジュンシフォリアで流通するものも本種の1フォームで、小型でトリコームが少ない。乾燥に強く栽培は容易。繁殖力が旺盛でクランプにしやすい。近年、数種に再分類されつつありジュンセアの名で流通するものにもいくつかの種が含まれることもある。

ティランジア・カウツキー
Tillandsia kautskyi

タ イ プ	エアー
分 布	ブラジル
開花サイズ	直径　3 〜 5cm 高さ　4 〜 7cm

栽培難易度	水やり	夏の遮光	花の香り
普通	週2以上	40%	なし

多くのマニアを虜にする小型美種。紡錘型の
草姿にアンバランスなまでに大きな濃ピンク
色の花を付ける。種名はブロメリアやランの
コレクターとして有名なブラジル人、Roberto
Kautsky氏にちなむ。活着すれば意外に丈夫
で栽培は難しくはない。湿度を高めに保つか、
やや水やりを多めで管理する。

クランプで多数が一斉開花。夢のような光景

99

photo/T.Omika

ティランジア・ケゲリアナ
Tillandsia kegeliana

タイプ	エアー
分　布	パナマ〜南米北部
開花サイズ	直径　約20cm 高さ　約20cm

栽培難易度	水やり	夏の遮光	花の香り
やや難しい	週3以上	40%	なし

葉は硬質で草体に比してひときわ大きい矢羽根状で
濃いピンクの花序を付ける。花は赤紫色の筒状花で
開花時に見応えがある。着生させて水を多めで管理
し、寒さに弱いため冬場は15℃以上を維持するのが
望ましい。ハダニが付きやすいので、こまめなミス
ティングなどでしっかり対策したい。栽培環境に順
応すれば毎年開花してくれる。

photo/T.Omika

矢羽根状の立派な花序に赤紫色の筒状花を付ける

ティランジア・レピドセパラ
Tillandsia lepidosepala

タ イ プ	エアー
分 布	メキシコ
開花サイズ	直径 約20cm 高さ 約10cm

栽培難易度	水やり	夏の遮光	花の香り
やや難しい	週2以上	40%	なし

細くうねる肉厚の葉を付ける、どことなく妖しい雰囲気を醸すメキシコの固有種。緑色の花を咲かせる。高温に弱い面があるため夏場のケアを怠ると調子を崩しやすい。夏場は風通しのよい涼しい場所で栽培するか、室内で温度管理して育てるのも方法。

photo/T.Omika

photo/T.Omika

レピドセパラの濃い
緑色の筒状花

ティランジア・ラティフォリア
Tillandsia latifolia

タ イ プ	エアー
分 布	エクアドル、ペルー
開花サイズ	直径 5 〜 80cm 高さ 5 〜 80cm

栽培難易度	水やり	夏の遮光	花の香り
普通	週2以上	40%	なし

ペルー産の高地に自生するものは夏場の暑さを嫌い、葉が肉厚のフォームは日照と通風を心がけるなど、各フォームで生態が異なるため管理の仕方を変えることもポイント。var. *leucophylla*（レウコフィラ）などの変種や、'Prolifera'（プロリフェラ）や'Graffiti'（グラフィティ）、'Enano'（エナノ）などの栽培品種も知られる。var. *divaricata*はT. *divaricata*（ディヴァリカタ）として独立している。

愛らしいピンク色の花を咲かせる

愛らしい草姿が魅力。花がオレンジがかる
タイプも稀に見られる

ティランジア・ロリアセア
Tillandsia loliacea

タイプ	エアー
分　布	ボリビア、ブラジルなど
開花サイズ	直径　1.5 ～ 3cm 高さ　2 ～ 5cm

栽培難易度	水やり	夏の遮光	花の香り
容易	週2以上	40%	あり

超小型種。ディアフォランテマ亜属の中では栽培
のしやすい入門種的存在。花付きがよく自家受粉
しやすいため実生を楽しめ、発芽後4～5年で開花
株に成長する。実生にチャレンジしたい人にはおす
すめ。ただし結実させると子株を出しづらくなるの
で、クランプにしたい場合はシードポッドを付けた
ら抜くとよい。広域分布種でもあり各産地の個体
が知られている。

photo/T.Omika

photo/T.Omika

ブラジルのバイーア州産（Bahia, Brazil）の個体

photo/T.Omika

ボリビアのビヤモンテス（Villamontes, Bolivia）産の個体。
地域フォームのなかでは特に小型

photo/T.Omika

ティランジア・ロッテアエ
Tillandsia lotteae

タイプ	エアー
分　布	ボリビア
開花サイズ	直径　20 〜 40cm 高さ　20 〜 40cm

栽培難易度	水やり	夏の遮光	花の香り
容易	週2以上	40%	あり

ボリビア固有の魅力種。やや茎立ちする草姿に、槍型のボリュームのある黄色い花序を付け、花弁は緑色で波打ち独特の表情を見せる。肉厚の白い葉に黄色い花序が映え見応え十分。とても丈夫な強健種で栽培は容易。最近はやや流通量が減っているのが残念。

花序の長さは15cmほどになり開花期の存在感は抜群！

ティランジア・マクブリデアナ
Tillandsia macbrideana

タ イ プ	エアー
分　布	ペルー
開花サイズ	直径　約6cm 高さ　10〜15cm

栽培難易度	水やり	夏の遮光	花の香り
難しい	週2以上	40%	なし

白銀の葉を展開しながら茎立ちする、淡いピンク色の三弁花が愛らしい小型の美種。高山性であり夏の暑さに弱く、下葉から枯れ込むことが多い。夏期は30℃以下の涼しい場所での管理がベター。温度の問題さえクリアできれば栽培は難しくないだろう。

淡いピンクの花に癒される

ティランジア・マグヌシアナ
Tillandsia magnusiana

タ イ プ	エアー
分　布	メキシコ〜エルサルバドル
開花サイズ	直径　15〜20cm 高さ　15〜20cm

栽培難易度	水やり	夏の遮光	花の香り
普通	週2以上	40%	なし

柔らかく細い葉を密生させる銀葉種。赤い花苞に紫色の花が映える。高めの湿度とやわらかい光を好み、株元の水の停滞を嫌がるなどティランジア栽培の基本を教えてくれる。乾燥すると葉先が枯れ込むので水やりの目安にしたい。夏はやや暑がり、また日本では咲きづらくなかなか殖えない。普及種だが美しく育てるには、しっかりと管理することが大切。

淡い紫の大ぶりの花が細葉に映える

ティランジア・マレモンティー
Tillandsia mallemontii

タイプ	エアー
分　布	ブラジル
開花サイズ	直径　10〜20cm 高さ　8〜20cm

栽培難易度	水やり	夏の遮光	花の香り
普通	週3以上	40%	あり

細く繊細な葉を持ち香りの強い薄紫色の花を咲かせる。環境がよいと、どんどん殖えてクランプになり次々と開花する様子は見事。水切れに弱いため室内栽培の場合は水やりを多めにする。屋外栽培の場合は、雨が当たるような湿度の高い場所で管理すると調子がよい。

ティランジア・マレモンティー・アルバ
Tillandsia mallemontii 'Alba'

タイプ	エアー
分　布	ブラジル
開花サイズ	直径　約5cm 高さ　約8cm

栽培難易度	水やり	夏の遮光	花の香り
やや難しい	週3以上	40%	あり

マレモンティーの白花個体。一般のマレモンティーに比べるとだいぶ小型。葉は細くデリケートなため水切れに注意し湿度を高めで管理するとよい。繊細なため栽培はやや難しいが、環境が合えば毎年のように開花してくれる。

photo/T.Omika

純白の三弁花が魅力

photo/T.Omika

ティランジア・ミオスラ
Tillandsia myosura

タ イ プ	エアー
分 布	ボリビア、アルゼンチンなど
開花サイズ	直径　6～12cm 高さ　6～12cm

栽培難易度	水やり	夏の遮光	花の香り
容易	週2以上	40%	あり

ディアフォランテマ亜属の中では大型になる種。
硬質の葉を互生させる風変わりな草姿が魅力。
小さな楚々とした薄いクリーム色の花には香り
がある。乾きに強く栽培は容易。ディアフォラ
ンテマ亜属の入門種としてもおすすめ。

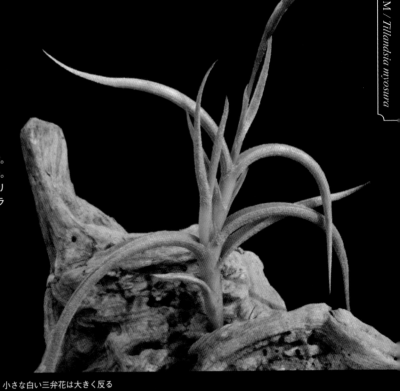

小さな白い三弁花は大きく反る

ティランジア・ネグレクタ
Tillandsia neglecta

タ イ プ	エアー
分 布	ブラジル
開花サイズ	直径　4～7cm 高さ　6～20cm

栽培難易度	水やり	夏の遮光	花の香り
普通	週2以上	40%	なし

ブラジル固有の有茎種。開花時には赤い花苞
が開き、インディゴブルーの花を咲かせる美
しいティランジア。花を咲かせなくても子株
を出し群生する。変異があり高さ6cmほどで
開花する小型のフォームや葉が赤く色付く
'ルブラ'などがある。

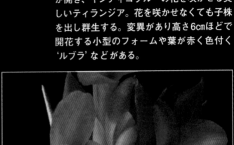

花苞が開くカラフルな花はよく目立つ

107

ティランジア・パレアセア
Tillandsia paleacea

タ イ プ	エアー
分　布	コロンビア、ペルー、ボリビア
開花サイズ	直径　3 ～ 20cm 高さ　4 ～ 50cm

栽培難易度 容易	水やり 週1以上	夏の遮光 30%	花の香り なし

毛足の長いふさふさとしたトリコームをまとった銀葉種。有茎で細葉の特異な草姿が魅力。変異が大きく小型のものから大型までサイズは様々。きれいな銀葉にするには水やりを少なめで、明るく風通しのよい場所で管理するとよい。紫色で幅広の三弁花を咲かせ、開花しなくても子株を出して殖える。

photo/ T.Omika

個体により花色の濃淡にも差が見られる

photo/ T.Omika

同じパレアセアでもフォームにより
サイズには差があるのもおもしろい

ラージフォームの花

バレアセアの大型個体（large form）。
この個体は開花時で高さ約40cm

ブラジルのバイーア州で採集された個体

ティランジア・パルドイ
Tillandsia pardoi

タイプ	エアー
分　布	ブラジル、ベネズエラなど
開花サイズ	直径　約5cm 高さ　約5cm

栽培難易度 やや難しい	水やり 週3以上	夏の遮光 40%	花の香り なし

テヌイフォリア（P.136参照）に近縁な小型
種で、繊細な葉に赤く色付く花苞を付け、小
さく白い可憐な花を咲かせる。水切れに非常
に弱いため、こまめに水やりするかバークで
鉢植えにするとよい。一度着生してしまえば
丈夫。2000年前後にテヌイフォリア・ディス
ティカ・アルバで入手したものが後にパルド
イだと判明した経緯がある。

photo/T.Omika

白く愛らしい小さな花を咲かせる

花苞が色付かないパルドイ
と思われる個体

photo/T.Omika

こちらも白い花を咲かせる

photo/T.Omika

ティランジア・パウシフォリア
Tillandsia paucifolia

タ イ プ	エアー
分 布	フロリダ、中米、ベネズエラ、コロンビア
開花サイズ	直径　10〜15cm 高さ　10〜15cm

栽培難易度	水やり	夏の遮光	花の香り
普通	週2以上	30%	なし

フロリダから南米北部まで広範囲に分布。写真の個体は葉が直線的なグアテマラから輸入される定番のグアテマラフォーム。カプトメドゥーサエ（P.60参照）のように葉がうねるメキシカンフォームも知られ、そちらはパウシフォリオイデスとして別種とする説もある。しっかり育てるには着生させて管理したい。日陰だと腐りやすいが、かといって強い光量は避けたほうがよく適度に遮光した環境で栽培する。暑さへの耐性はあるので夏場の管理は比較的楽だろう。

photo/T.Omika

ティランジア・ペイラノイ
Tillandsia peiranoi

タ イ プ	エアー
分 布	アルゼンチン
開花サイズ	直径　2〜3cm 高さ　3〜4cm

栽培難易度	水やり	夏の遮光	花の香り
普通	週2以上	30%	なし

肉厚の葉を密生させるアルゼンチン産の超小型種。多肉質の葉を持ちラベンダー色の三弁花を咲かせる。ロリアセア（P.102参照）ほどの大きさになるが成長速度は格段に遅い。増殖には時間がかかることもあり、数が少なく入手はやや難しい。現地では主に岩着生し乾燥に非常に強く明るい環境を好む。

photo/T.Omika

草体に比して大きなラベンダー色の三弁花が目を引く

photo/T.Omika

111

ピンクの花苞に緑花を咲かせる

ティランジア・プルモーサ
Tillandsia plumosa

タイプ	エアー
分　布	メキシコ
開花サイズ	直径　10～18cm 高さ　10～18cm

栽培難易度	水やり	夏の遮光	花の香り
普通	週2以上	40%	なし

「羽毛状の」という名を持つメキシコ固有の銀葉種。乾燥を好むテクトルム（P.134参照）と草姿が似るが、同じ管理をすると水不足で枯れてしまう。本種は森林内の樹皮に着生し水を好む。夏はやや暑がるため湿度を高めに保つか水やりを多めにし、涼しく風通しのよい場所で育てる。

ティランジア・プラシェキィ
Tillandsia praschekii

タイプ	エアー
分　布	キューバ
開花サイズ	直径　約7cm 高さ　8～10cm

栽培難易度	水やり	夏の遮光	花の香り
やや難しい	週2以上	30%	なし

キューバに分布しイオナンタに形状が似ていることからキューバンイオナンタとも呼ばれる。寒さに弱く7～8℃あたりだと傷みやすいため、冬場も12℃以上は欲しいところ。イオナンタよりも水を要求する。開花しやすいものの、開花しなくても子株を出して殖える。

開花時には葉が赤く染まりイオナンタのような
紫色の筒状花を付ける

ティランジア・プリングレイ
Tillandsia pringlei

タイプ	エアー
分 布	メキシコ
開花サイズ	直径 7〜20cm 高さ 7〜20cm

栽培難易度	水やり	夏の遮光	花の香り
容易	週2以上	40%	なし

以前はウトリクラータ・プリングレイ（*T. utriculata* ssp. *pringlei*）とされていた。暑さ寒さに強く丈夫で入門種としておすすめ。開花しなくても子株をたくさん出して群生する。写真の株元に密生しているのは小さな子株で、このような子株はグラスと呼ばれ、小さな株を親株から外して栽培しても成長して増殖する。日が強いと花茎は赤みを帯びて美しくなり、淡いクリーム色の花がいっそう引き立つ。

ティランジア・プルイノーサ
Tillandsia pruinosa

タイプ	エアー
分 布	アメリカ、メキシコ、コスタリカ、コロンビア、ブラジルなど
開花サイズ	直径 7〜10cm 高さ 7〜12cm

栽培難易度	水やり	夏の遮光	花の香り
普通	週3以上	40%	なし

踊るようにくねる葉を持つ、つぼ型の小型種。つぼ型の草姿をした種を好む「つぼマニア」の間では、その草姿とくすんだ色合いで、マストアイテムとして愛されている。トリコームは多いが水やりはやや多めにし、湿度を高く保つと調子がよい。高さが25cm以上になるコロンビア産の大型フォームも知られる。

photo/T.Omika

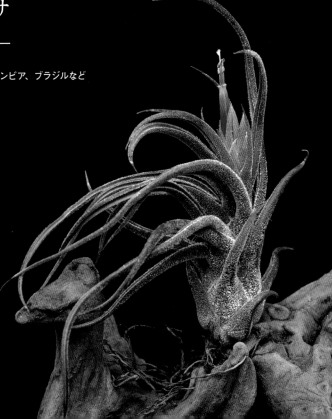

ティランジア・プセウドベイレイ
Tillandsia pseudobaileyi

タ イ プ	エアー
分 布	メキシコ南部～ニカラグア
開花サイズ	直径　15 ～ 25cm 高さ　20 ～ 30cm

栽培難易度	水やり	夏の遮光	花の香り
普通	週2以上	40%	なし

「偽のベイレイ」という名の通り、ベイレイ（P.47参照）に草姿がよく似た種。一般にベイレイで流通しているものは、ほとんどが本種。より大型になり葉が非常に硬く、葉裏の筋が目立つのが本種。成長は遅く変化が見えづらいが、しっかり根を張らせて着生させて育てれば、葉を展開して見応えのある素晴らしい株になる。紫色の筒状花を咲かせる。

ティランジア・プンクトゥラータ・ミノール
Tillandsia punctulata 'Minor'

タ イ プ	タンク
分 布	コスタリカ
開花サイズ	直径　約20cm 高さ　約20cm

栽培難易度	水やり	夏の遮光	花の香り
容易	週3以上	40%	なし

細葉のタンクタイプ。写真は小型の栽培品種ミノール。一般的なタイプはメキシコ～パナマに分布し開花時の高さが約30cmになる。自生地では樹着生だが、栽培下ではバークと軽石を混ぜた用土でのプラ鉢植えがおすすめ。株元には水を溜めておき、用土の表面が乾いたら給水する。常に湿っていると調子がよい。開花しなくても子株を付けて殖える。

十分な光量下では花序も
赤みを帯びて美しくなる

ティランジア・クエロエンシス

Tillandsia queroensis

タイプ	エアー
分　布	エクアドル
開花サイズ	直径　約15cm 高さ　約30cm

栽培難易度	水やり	夏の遮光	花の香り
普通	週2以上	40%	なし(?)

細く長い花茎を伸ばしピンク色の花を付ける。*T. chartacea*（チャルタセア）に似るが、本種のほうがトリコームは白く葉が軟質。標高2500～2800m付近に自生するため暑さはやや苦手で、夏場は涼しい場所に移動し水やりを多めで湿度を高くして管理するとよい。開花しなくても子株を出して殖える。

ティランジア・レクリナータ
Tillandsia reclinata

タイプ	エアー
分布	ブラジル
開花サイズ	直径　3〜4cm 高さ　約8cm

栽培難易度	水やり	夏の遮光	花の香り
難しい	週3以上	40%	なし(?)

ブラジルのリオデジャネイロ州ペトロポリスに分布し、標高約1600〜1800m地点の崖の岩肌に下向きに着生する。グラジエラエ(P.83参照)とカウツキー(P.99参照)などの草姿が紡錘形となる種のちょうど中間的でコンパクトな姿をしていおり、ピンク色の花を咲かせる。上向きに育てても自ら下を向こうとするのが興味深い。夏の暑さに弱く栽培は難しい。国内での複数の情報によれば、室内でLED照明を使い高めの湿度下での栽培により好成績を収めている。下を向いた場合は株の中心に水がかかりにくいため、こまめな水やりもポイントになる。

photo/T.Omika

ティランジア・レクルヴァータ
Tillandsia recurvata

タイプ	エアー
分布	北米〜南米
開花サイズ	直径　約5cm 高さ　約5cm

photo/T.Omika

栽培難易度	水やり	夏の遮光	花の香り
普通	週3以上	30%	あり

北米から南米まで広く分布。英語でボールモス(Ball moss)と呼ばれるように球状に群生する。紫色の花は小さいものの香りは強い。自家受粉して実生でも容易に殖えるため、実生にチャレンジするにはうってつけ。基本的には丈夫だが、きれいに栽培しようとすると意外と手こずる。よく日に当てこまめに水やりをして湿度を高めに保つとよいが、クロカータ(P.67参照)の管理と同様に株元に水を停滞させないようにしたい。個体により花色に差が見られ、色が薄い個体やクリーム色になるものも存在する。

とても小さな紫色の三弁花を付ける

photo/T.Omika

ティランジア・レクルヴィフォリア
Tillandsia recurvifolia

タ イ プ	エアー
分　布	ブラジル〜アルゼンチン
開花サイズ	直径　10〜20cm 高さ　8〜15cm

栽培難易度	水やり	夏の遮光	花の香り
普通	週2以上	40%	なし

銀葉の美種。花が素晴らしく、ピンクの花苞に白い花を付ける様は見る者の心を和ませる。やや水を好み湿度が高い方が育てやすい。筆者の所では本種は花付きがとてもよく、子株をよく出すものの、親株の枯れ込みが早いためか大きなクランプにするのが難しいと感じる。かつてはメリディオナリスとされていた。

ティランジア・レクルヴィフォリア・サブセクンディフォリア
Tillandsia recurvifolia var. *subsecundifolia*

タ イ プ	エアー
分　布	ブラジル
開花サイズ	直径　15〜20cm 高さ　15〜20cm

栽培難易度	水やり	夏の遮光	花の香り
容易	週2以上	40%	なし

レクルヴィフォリアの変種でレオナミアナ（*T.leonamiana*）に含むとする見解もある。花苞は朱色がかり葉が短いものや長いものなど個体差が激しい。長い乾燥にも耐える強健種で基本種よりも育てやすく入門にもおすすめ。発根しやすく活着させて明るい環境で管理すると成長がよい。水分が不足すると葉が萎縮するので水やりの目安にしたい。基本種に比べ花付きはよくないが、子株をよく出すのでクランプになりやすいのも特微。

photo/T.Omika

ティランジア・ライヘンバッキー
Tillandsia reichenbachii

タ イ プ	エアー
分　布	ボリビア、アルゼンチン
開花サイズ	直径　10 〜 15cm 高さ　10 〜 20cm

栽培難易度	水やり	夏の遮光	花の香り
容易	週2以上	30%	あり

ストレプトカルパ（P.126参照）に似た種で、香りの強い紫色の三弁花を咲かせる。比較的よく開花し、花色は個体によりごく薄い紫から濃いものまで差が見られる。非常に強健で夏場の強い陽光下でも成長しよく殖える。一般的に流通する個体はストレプトカルパに比べて葉が多肉質で硬く、折れ曲がるように放射状に展開することが多い。主に小型の個体が流通するが大型個体も存在する。

photo/T.Omika

よく分岐する花序によい香りのする
大ぶりの花を次々と咲かせる

ティランジア・レトロルサ
Tillandsia retrorsa

タ イ プ	エアー
分　布	ブラジル
開花サイズ	直径　25 〜 30cm 高さ　30 〜 35cm

栽培難易度	水やり	夏の遮光	花の香り
容易	週2以上	40%	あり

ストレプトカルパに似た種。ブラジルのミナスジェライス州の植物学者であったアルバロ・アストルフォ・ダ・シルベイラにより1931年に刊行された「Floralia Montium」第2巻にて紹介されているが、アリザ（パラグアイに分布）やストレプトカルパのシノニム（異名）となっているように同定は難しい。アメリカのナーセリー、レインフォレストフローラのポール・アイスレイ氏らがかつてブラジルのミナスジェライス州で採集したストレプトカルパに似た個体がアリザとされたが、現在はレトロルサであるのが妥当とされている。栽培に関してはストレプトカルパに準じて問題ない。

よい香りのする
三弁花を付ける

photo/T.Omika

photo/T.Omika

赤く色付いた花苞からローズピンクの筒状花を咲かせる

ティランジア・ロゼイフローラ
Tillandsia roseiflora

タ イ プ	エアー
分　布	ブラジル
開花サイズ	直径　約8cm 高さ　約8cm

栽培難易度	水やり	夏の遮光	花の香り
やや難しい	週2以上	30%	なし

ドイツからレグネリの名で導入されたブラジルのリオデジャネイロ州産の魅力種。1997年に「バラのような花」の意味を持つ種名ロゼイフローラとして記載された。小型でふっくらとした優雅な姿に魅了された愛好家は多いことだろう。近縁のスプレンゲリアナ（P.123参照）やカウツキー（P.99参照）などと比べると入手が難しく希少な存在。

119

ティランジア・スカポーサ
Tillandsia scaposa

タ イ プ	エアー
分 布	グアテマラ
開花サイズ	直径 4〜10cm 高さ 6〜12cm

栽培難易度	水やり	夏の遮光	花の香り
容易	週2以上	40%	なし

以前はイオナンタ（P.87参照）の変種 *T.ionantha var.scaposa* とされていた。イオナンタとは異なり花苞が突出するのが特徴。イオナンタよりは水好きで夏場にやや暑がるため涼しい場所で管理したい。現在 *T.kolbii*（コルビー）の名で流通しているものはスカポーサと思われ、実際のコルビーは白花と紫花とがあり性質が弱く、イオナンタと *T.matudae*（マツダエ）の自然交雑種ではないかと言われている。コルビーの流通はまず見られないのが現状。

ティランジア・シーディアナ・ホワイトスパイク

Tillandsia schiedeana 'White Spike'

タイプ	エアー
分　布	メキシコ、グアテマラ
開花サイズ	直径　約20cm / 高さ　約15cm

栽培難易度	水やり	夏の遮光	花の香り
容易	週2以上	40%	なし

種名はドイツ人医師で園芸家のSchiede氏にちなむ。基本種はメキシコからコロンビアまで広域に分布し変異が大きい。その中で本栽培品種は花序が色付かず白っぽく見えることから、ホワイトスパイクの名がある。栽培は容易で開花後はよく子株を出すためクランプにして群生美を楽しめる。

白っぽい花序に黄色い筒状花を付ける

ティランジア・シーディアナ・ミノール

Tillandsia schiedeana 'Minor'

タイプ	エアー
分　布	メキシコ、グアテマラ
開花サイズ	直径　12〜20cm / 高さ　10〜20cm

栽培難易度	水やり	夏の遮光	花の香り
容易	週2以上	40%	なし

シーディアナの小型の栽培品種で細い葉を展開して群生する。赤みの強い花苞にティランジアでは珍しい黄色い筒状花が美しい。1株では迫力に欠けるが、群生して複数が開花した様子は観賞価値が高い。栽培時には湿度を高めにするか、水やりを多めで管理すると調子がよい。

ティランジア・セレリアナ
Tillandsia seleriana

タイプ	エアー
分　布	メキシコ～エルサルバドル
開花サイズ	直径　8～15cm 高さ　15～30cm

栽培難易度	水やり	夏の遮光	花の香り
普通	週2以上	40%	なし

奇妙なつぼ型をした個性的な種。自生地では葉の内側にアリが住みつく「アリ植物」として知られる。その草姿は仏炎のようでもあり、高さ30cmにも達する大株は思わず拝みたくなるほど荘厳。大きく成長させるには発根、活着させることが大切で、春～秋はつぼに水をため屋外で育てると調子がよい。冬期、成長を止めた個体を室内で管理する場合は、つぼの中に水をためないこと。

ティランジア・セレリアナ・
ミニパープル
Tillandsia seleriana 'Mini Purple'

タイプ	エアー
分　布	不明
開花サイズ	直径　約7cm 高さ　約15cm

栽培難易度	水やり	夏の遮光	花の香り
普通	週2以上	40%	なし

全草が赤紫色になるセレリアナの小型の栽培品種。とても人気が高いものの、流通量が極端に少ないマニア垂涎のセレリアナ。燃えさかる炎のように赤く色付く様は見事。真夏は赤い色彩はさめるが、冬期に十分日に当てると美しく発色する。栽培は基本種に準じて問題ない。

ティランジア・スプレンゲリアナ
Tillandsia sprengeliana

タイプ	エアー
分　布	ブラジル
開花サイズ	直径　3〜5cm 高さ　4〜7cm

栽培難易度	水やり	夏の遮光	花の香り
普通	週2以上	40%	なし

紡錘型の草姿が魅力の小型種。株には不釣り合いな大きな花序を付け、濃いピンクの花苞からのぞくピンク花が愛らしい。成長はやや遅めだが暑さ寒さにも強く意外に丈夫で、他種が育てられれば本種も育てられるだろう。入手機会があればぜひトライして、その愛らしい姿を楽しんでほしい。

ティランジア・ストラミネア
Tillandsia straminea

タイプ	エアー
分　布	エクアドル、ペルー
開花サイズ	直径　15〜50cm 高さ　15〜40cm

栽培難易度	水やり	夏の遮光	花の香り
普通	週2以上	40%	あり

豪華な花が魅力の銀葉種。淡い紫色の花苞に紫色で縁取られた淡いクリーム色の花を次々と咲かせる様は見とれるばかり。ロゼットタイプから有茎タイプがあり、サイズも変異が大きく花の香りがないタイプも存在する。写真のロゼットタイプは流通量が多く、花付きがよい。

淡いクリーム色の幅広い三弁花は
紫色に縁取られる

まるでアヤメのような豪華な
紫花は、よい香りを放つ

ティランジア・ストレプトカルパ
Tillandsia streptocarpa

タ イ プ	エアー
分　布	ボリビア、ブラジル、パラグアイなど
開花サイズ	直径　7 ～ 40cm 高さ　5 ～ 30cm

栽培難易度	水やり	夏の遮光	花の香り
容易	週2以上	40%	あり

直径2cmほどの見栄えのよい紫花を咲かせる美種。ドゥラティー（P.70参照）を縮めてロゼット状にしたような草姿がおもしろい。葉のトリコームが多いものや少ないもの、白花のものが見られるなど変異が大きい。一般に流通しているものは栽培が容易で花付きもよいため、ぜひ栽培してほしい。花は一見の価値ありだ。本種には黄花の変種var.aureiflora（アウレイフローラ）もあるが商業的な輸入はされていないと思われ、筆者としてはぜひ実物を見てみたい。

photo/T.Omika

よく見るストレプトカルパの花とは異なり花弁はフリル状にならない

ストレプトカルパのWindswept Utcubamba
river canyon, Northern Peru で入手したペ
ルー北部産の個体。他の個体に比べると
ややトリコームが長く目立ち、花弁のエッ
ジはフリル状にならず趣を異にする

photo/T.Omika

127

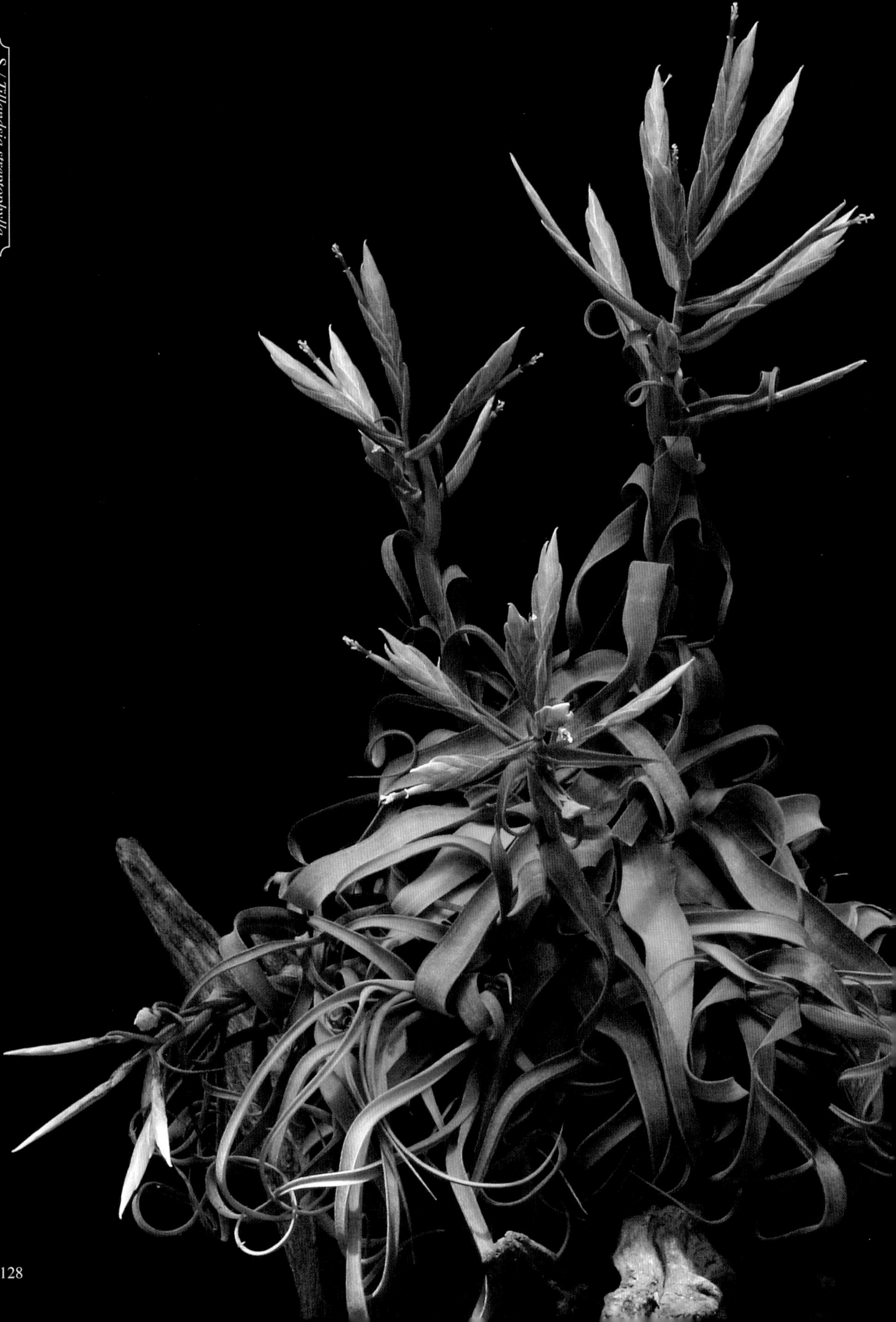

花序は複数に分岐し紫色の筒状花を付ける

ティランジア・ストレプトフィラ
Tillandsia streptophylla

タイプ	エアー
分　布	メキシコ〜ホンジュラス
開花サイズ	直径　20 〜 40cm 高さ　15 〜 25cm

栽培難易度	水やり	夏の遮光	花の香り
容易	週2以上	40%	なし

つぼ型の代表種。自生地では葉の内側にアリが巣を作る「アリ植物」。乾燥させると葉が縮んでカールし、水を十分に吸うと葉をピンと伸ばす。本種ほど水分量で草姿が激変する種はなく、これは乾季と雨季を生き抜くための機能なのだろう。よく発根するため活着させて水やりを多めにすると驚くほど成長する。

ティランジア・ストリクタ
Tillandsia stricta

タ イ プ	エアー
分　布	ベネズエラ～アルゼンチン
開花サイズ	直径　10 ～ 20cm 高さ　8 ～ 18cm

栽培難易度	水やり	夏の遮光	花の香り
容易	週3以上	40%	なし

葉が柔らかくストリクタ・ソフトリーフとも
呼ばれる。成長が抜群に早く花付きも格別。
栽培が容易で入門に最適。素焼き鉢植えで、
水やりを多めで管理すると調子がよい。毎年
のように大きな花序を付けて開花、子株を出
しクランプになる。写真は冬期開花の冬咲き
タイプで詳細な原産地は不明。ブラジル産の
夏咲きタイプも知られるほか、葉が黒くなる
'Midnight'（ミッドナイト）と呼ばれる栽培品
種も知られる。

よく目立つ濃いピンクの花苞に薄紫の花が目を引く

ティランジア・ストリクタ・アルビフォリア
Tillandsia stricta var. *albifolia*

タイプ	エアー
分　布	ブラジル
開花サイズ	直径　10〜15cm 高さ　8〜13cm

栽培難易度	水やり	夏の遮光	花の香り
容易	週2以上	40%	なし

「白い葉」の名を持つストリクタの変種。白銀の草姿は基本種とはまるで似つかない。トリコームで覆われた葉は硬く乾燥に耐える能力が高い。ストリクタの中では成長が遅い。花色は紫色から白まで差異がある。

ストリクタ・アルビフォリアの白花タイプ var. *albifolia* 'Costanzo' (アルビフォリア・コスタンゾ)。白花ではイメージが変わり、やさしい雰囲気になる

ティランジア・ストリクタ・ハードリーフ
Tillandsia stricta（Hard leaf）

タイプ	エアー
分　布	ベネズエラ〜アルゼンチン
開花サイズ	直径　10〜25cm 高さ　10〜15cm

栽培難易度 容易	水やり 週2以上	夏の遮光 40%	花の香り なし

ストリクタには栽培品種が多く写真は基本種よりもかなり葉が硬いタイプで、ストリクタ・ハードリーフまたはリジッドリーフ（Rigid leaf）とも呼ばれる。ソフトリーフ（P.130参照）同様にピンクの花苞と紫の花が鮮やかで美しい。ソフトリーフに比べると成長は遅いが乾燥にも耐え栽培は容易。

タイプ	エアー
分　布	不明
開花サイズ	直径　約15cm 高さ　約10cm

栽培難易度 容易	水やり 週2以上	夏の遮光 40%	花の香り なし

ティランジア・ストリクタ・シルバースター
Tillandsia stricta 'Silver Star'

ストリクタの栽培品種。上から見ると銀葉の草姿が星型に見えることが名の由来。本栽培品種は基本種に比べると葉がより白く花序がやや長い。日照で葉色が変化し日が強いと葉が黒っぽくなるため、好みで日照を調節するとよいだろう。

ティランジア・スークレイ
Tillandsia sucrei

タイプ	エアー
分 布	ブラジル
開花サイズ	直径　5 〜 10cm
	高さ　5 〜 10cm

栽培難易度	水やり	夏の遮光	花の香り
普通	週2以上	40%	なし

ブラジル固有の小型種。細い銀葉に大ぶりで鮮やかなピンク花を咲かせる。まるで高山植物を思わせるような草姿から、とても人気が高い。栽培のコツはまずは発根、活着させること。素焼き鉢植えが特におすすめ。一度活着すると順調に成長してくれるだろう。開花後には、よく子株を出すためクランプにしやすい。

ティランジア・タフィエンシス
Tillandsia tafiensis

タイプ	エアー
分 布	アルゼンチン
開花サイズ	直径　10 〜 15cm
	高さ　8 〜 12cm

栽培難易度	水やり	夏の遮光	花の香り
やや難しい	週2以上	30%	あり

以前はクシフィオイデスの変種とされていた。淡い紫色の花を咲かせる。栽培はクシフィオイデス・ファジーフォーム（P.150参照）と同様で問題ないが、明るい環境で育てると頻繁に開花してしまうことがあり株の消耗が激しく小型化しがちだ。よく咲く場合はやや光の弱い場所で管理し、開花させずに株を大きくしてやるとよいだろう。

133

ティランジア・テクトルム
Tillandsia tectorum

タイプ	エアー
分　布	エクアドル、ペルー
開花サイズ	直径 10 〜 50cm 高さ 8 〜 70cm

栽培難易度	水やり	夏の遮光	花の香り
容易	週1以上	30%	なし

毛足の長いトリコームが植物体を覆い、光を受けて白く輝く。フワフ
ワとした触感の、魅惑のティランジア。変異が多く近年3つの変種に
分けられ、いくつかのものは別種に再分類された。パレアセア（P.108
参照）と並び最も乾燥に強い種と言える。日当たりと風通しがよい場
所で栽培したい。水やりが多過ぎたり、風に当てないとトリコームが
短い葉が出て観賞価値が下がってしまうので注意。長時間のソーキン
グなどは中心が腐る原因になることも。筆者の場合はロゼットの中心
に水をかけないようにし、白い葉を保つようにしている。写真はペルー
産で有茎の大型タイプ。高さ60cmにも達する。手前に置いたイオナ
ンタと比較すると、その大きさが実感できるだろう。

エクアドルのロハに産する樹着生の小型の個体。
開花時の直径は約15cm。別種の可能性もある

ティランジア・テクトルム・ギガンテア
Tillandsia tectorum forma gigantea

タ イ プ	エアー
分　　布	エクアドル
開花サイズ	直径　約45cm 高さ　約30cm

栽培難易度	水やり	夏の遮光	花の香り
容易	週1以上	30%	なし

エクアドルに産するテクトルムの品種。茎立ちにならない大型のロゼットタイプ。栽培方法はテクトルムに準じて問題ない。テクトルムは成長が遅いため焦らずじっくりと育てたい。発根させて活着させると調子がよい。長い花茎を伸ばし、花序は分岐して先端が白い紫色の花を咲かせる。

ティランジア・テヌイフォリア・ブルーフラワー

Tillandsia tenuifolia 'Blue Flower'

タイプ	エアー
分　布	ブラジル
開花サイズ	直径　7〜15cm 高さ　7〜15cm

栽培難易度	水やり	夏の遮光	花の香り
普通	週3以上	40%	なし

昔から流通しているテヌイフォリアの栽培品種。シャープで硬質の葉からは想像できない青紫の可憐な花を咲かせる。乾燥を嫌い水切れすると葉が丸まりやすくなるので、多めの水やりを行なう。鉢植えで用土の軽石やバークが湿り気を帯びた状態を保ち、常に湿度を高くすると調子がよい。テヌイフォリアは近縁種が多く混沌としたグループで、今後の分類研究が進むことが期待される。

ピンクの花苞に青い三弁花を咲かせる

ティランジア・テヌイフォリア・サキシコラ
Tillandsia tenuifolia var. *saxicola*

タイプ	エアー
分　布	ブラジル
開花サイズ	直径　7～10cm 高さ　7～20cm

栽培難易度	水やり	夏の遮光	花の香り
容易	週2以上	30%	なし

「岩着生する」という意味を持つテヌイフォリアの変種。葉にはトリコームが目立ち全体に白っぽく見える異質な存在。日照を好み、高湿度を好むテヌイフォリアのなかでは非常に乾燥に強く作りやすい。

photo/T.Omika

本変種は花弁が開かないのも特徴だ

ティランジア・テヌイフォリア・ストロビリフォルミス
Tillandsia tenuifolia var. *strobiliformis*

タイプ	エアー
分　布	ブラジル
開花サイズ	直径　7～15cm 高さ　7～20cm

栽培難易度	水やり	夏の遮光	花の香り
容易	週3以上	40%	なし

テヌイフォリアの変種で葉は鮮やかな緑から紫まで変異がある。花付きがとてもよく、濃いピンクの花序に白い花を咲かせる。葉を密生させながら茎を伸ばし、よく子株を出して群生する。テヌイフォリアは全般に高い湿度を好むため、水やりを多めで管理するとよい。

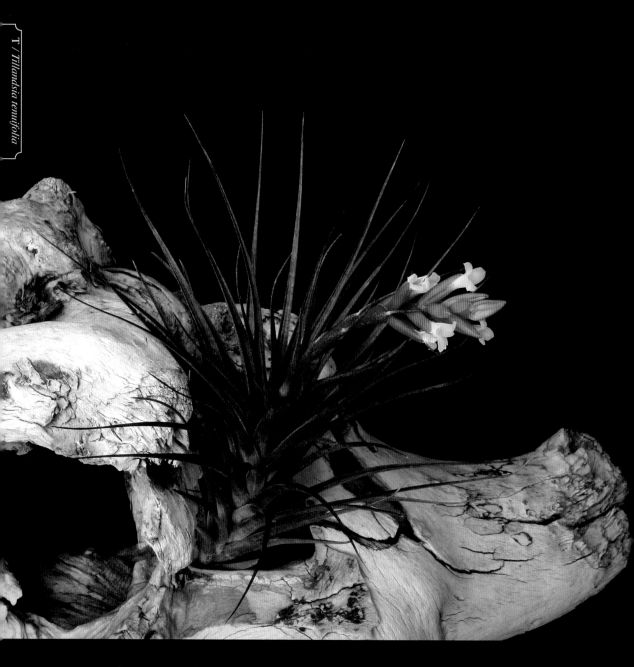

ティランジア・テヌイフォリア・スリナメンシス・アメシスト

Tillandsia tenuifolia var. *surinamensis* 'Amethyst'

タ イ プ	エアー
分　布	ガイアナ〜アルゼンチン
開花サイズ	直径　8 〜 15cm 高さ　10 〜 20cm

栽培難易度	水やり	夏の遮光	花の香り
容易	週2以上	30%	なし

アメシストとは紫水晶のことであり、葉が濃い紫色に染まるのが特徴。日照時間が多いほうが鮮やかな紫色になる。花付きはストロビリフォルミスと比べるとやや悪い。開花後は子株を2〜3株出して群生する。

ティランジア・テヌイフォリア・ブロンズチップ
Tillandsia tenuifolia 'Bronze Tip'

タイプ	エアー
分 布	ブラジル
開花サイズ	直径　5〜7cm 高さ　5〜7cm

栽培難易度	水やり	夏の遮光	花の香り
容易	週2以上	40%	なし

日に当てると葉先が銅色に染まるテヌイフォリアの小型の栽培品種。以前はカルミネア（P.61参照）の名で流通したこともある。コンパクトな草姿にピンクの花序を出し、純白の花を咲かせる。活着させるとなかなか成長してくれないため、入手後は素焼き鉢に植えるか流木などに固定し発根を促したい。開花しなくても子株を出して群生する。

鮮やかなピンクの花苞に白い三弁花が冴える

ティランジア・テヌイフォリア・シルバーコーム
Tillandsia tenuifolia 'Silver Comb'

タイプ	エアー
分布	不明
開花サイズ	直径　3〜4cm 高さ　10〜20cm

栽培難易度	水やり	夏の遮光	花の香り
容易	週3以上	40%	なし

テヌイフォリアの栽培品種で産地はよくわかっていない。その姿が銀色のクシを連想させることからシルバーコームの名がある。栽培はテヌイフォリア・ストロビリフォルミス（P.137参照）と同様でよい。本栽培品種はピンク色の花苞に、うっすらと青の入る白い三弁花を咲かせる。

ティランジア・シーケニー
Tillandsia thiekenii

タイプ	エアー
分布	ブラジル
開花サイズ	直径　3〜5cm 高さ　6〜10cm

栽培難易度	水やり	夏の遮光	花の香り
難しい(?)	週2以上	30%	なし(?)

ブラジルのリオデジャネイロ州モーホ・ド・ココ（Morro do Coco）に分布。草姿は紡錘形で赤い花を付ける。現地では急峻な崖に逆さまに吊り下がるような状態で着生する。ドイツなどでは栽培されていたものの日本には長く未入荷で憧れのティランジアであったが、2020年頃にようやく輸入され始めた。日本での栽培歴は短く手探りでの育成が続いているものの入荷状態さえよければ手こずることはないと思われる。海外などでは自生下での状態を意識してか下向きで栽培するケースも多く見られるが、2年ほど育てたところ上向きでも問題はないようだ。

photo/T.Omika

photo/T.Omika

シーケニーを上から見たところ

photo/T.Omika

ティランジア・トルティリス
Tillandsia tortilis

タ イ プ	エアー
分 布	メキシコ
開花サイズ	直径　20cm 高さ　20cm

栽培難易度	水やり	夏の遮光	花の香り
普通	週2以上	30%	なし

レピドセパラ（P.101参照）を大きくしたような姿で、緑色の筒状花を咲かせるメキシコの固有種。日照条件がよいと花苞は赤みを帯びる。近縁種のなかでは強健で夏場の高温のダメージも追いにくい。成長が早く増殖してクランプになりやすい。

photo/T.Omika

トルティリスの鮮やかな緑花

141

ティランジア・トリコロール

Tillandsia tricolor

タイプ	エアー／タンク
分　布	メキシコ〜コスタリカ
開花サイズ	直径　10〜40cm 高さ　10〜40cm

栽培難易度	水やり	夏の遮光	花の香り
容易	週2以上	40%	なし

硬い葉を持つ普及種。花序の赤と黄、花の紫と、開花時には三色（トリコロール）で彩られる。本種はエアータイプとタンクタイプの中間的な生態を持ち、株元に水をためる構造になっている。そこで鉢に軽石などで植え付け、明るい場所で株元に水をためて管理すると調子がよい。日照条件がよいと葉が赤く色付き美しくなる。ただし強健ではあるが室内の暗めの場所で育てる場合は、水をためると芯が腐ることがあるので注意したい。流通しているものの多くは、グアテマラから輸入されるvar. *melanocrater*（メラノクラテル）である。

ティランジア・ウスネオイデス
Tillandsia usneoides

タイプ	エアー
分 布	アメリカ南部〜南米
開花サイズ	直径 2 〜 10cm 長さ 10cm 〜 5 m

栽培難易度	水やり	夏の遮光	花の香り
普通	週3以上	40%	あり

茎を伸ばしながら下垂していく特異な種。ウスネオイデスとはサルオガセ (*Usnea* 属の地衣類) に似ているという意味。スパニッシュモスの英名、サルオガセモドキの和名やスペインヒゲの別名を持つがスペインに自生しているわけではなく、由来はスペイン領であった中米諸国に産することから。古くは梱包材として利用されていた。本種は極端な乾燥を嫌い高い湿度を好むため、直射日光を避けた明るい環境で多めの水やりで管理する。入手後は小分けにしていろいろな場所に置き、最も生育がよい場所で栽培するのも方法。春〜秋は庭木の下に吊るすときれいに成長する。寒さには強く霜が降りなければ屋外越冬が可能。室内で育てる際は明るい窓辺に吊るし、乾燥させ過ぎないよう注意する。本種には葉が細いものから太いもの、直線的なものやカールするもの、また黄花や黒花など様々なタイプが存在するのでコレクションするのもおもしろい。

小さく愛らしい緑の三弁花には芳香がある

細葉から太葉など各タイプが流通する。葉が細いものほど乾きやすく栽培は難しい。初めて栽培するなら乾きにくい太葉がおすすめ

ティランジア・ヴァリアビリス・レッドリーフ
Tillandsia variabilis (Red leaf)

タ イ プ	エアー／タンク
分　　布	キューバ
開花サイズ	直径　20～30cm 高さ　20～30cm

栽培難易度	水やり	夏の遮光	花の香り
容易	週3以上	40%	なし

キューバ産ヴァリアビリスの選抜個体。花序がビビッドな紅色で、とても目を引く。水を好むためタンクタイプ同様に鉢植えでの栽培が適している。素焼き鉢にバークで植え込むと調子がよい。花付きがよく日が強いと葉も赤みを帯びて美しくなる。

ティランジア・ヴェリッキアナ
Tillandsia velickiana

タ イ プ	エアー
分　布	グアテマラ
開花サイズ	直径　10 〜 20cm 高さ　8 〜 15cm

栽培難易度	水やり	夏の遮光	花の香り
やや難しい	週2以上	40%	なし

グアテマラの固有種。柔らかく細い銀葉を密生させ、ピンク色の大きな花苞に紫色の筒状花を咲かせる。高山性で夏にやや弱いため、夏期は涼しい場所で水やりを多め（週3回以上）で管理する。湿度が高いと調子がよいので鉢に置いて栽培するのも方法。旧名はフェルドフォフィー。オアハカーナの名で流通することもある。

photo/T.Omika

photo/T.Omika

日照条件がよいと開花時は株の中心部が赤く色付き、紫色の筒状花とのコントラストが楽しめる

ティランジア・ヴェルティナ
Tillandsia velutina

タ イ プ	エアー
分　布	グアテマラ
開花サイズ	直径　15〜20cm 高さ　約10cm

栽培難易度	水やり	夏の遮光	花の香り
普通	週2以上	40%	なし

柔らかい葉を持ち開花時に株の中心から赤くなり紫色の筒状花を咲かせる。グアテマラから手頃な価格で輸入され入手しやすいためか雑に扱われがちだが、きれいに育てるには相応のテクニックが必要。強すぎずほどよい光の場所で育て、枯葉は早めに取り除くとよい。しっかり育て美しく開花したときの感動は大きい。

葉が放射状に開くように展開するオープン（Open）と呼ばれるフォーム。
他のフォームよりも小型で草姿がコンパクト

オープンの開花。草体に比べて大きく赤い花序に
白花が映える

ティランジア・ヴェルニコーサ

Tillandsia vernicosa

タイプ	エアー
分　布	ボリビア、パラグアイ、アルゼンチン

開花サイズ	直径　8〜30cm 高さ　8〜30cm

栽培難易度	水やり	夏の遮光	花の香り
容易	週2以上	30%	なし

硬い葉を持ち分岐する花序を出して朱色の花
苞から白花を次々に咲かせる。ボリビアから
アルゼンチンにかけて広く分布し、地域に
よって葉や花序の形や色、全草のサイズなど
に顕著な差が見られる。乾燥に強い強健種で
栽培は容易。

ボリビア産の開花

オープンよりも大きくなるボリビア産（Bolivia）の個体

photo/T.Omika

開花サイズの直径が30cmほどと
大型になるヴェルニコーサのパラ
グアイ産（Paraguay）の個体

photo/T.Omika

この個体の花序はややピンクがかる

photo/T.Omika

トールの開花。花序は全体的にシャープな印象

葉が直線的に展開
するヴェルニコー
サのトール（Tall）
と呼ばれる個体

photo/T.Omika

148

ティランジア・キセログラフィカ

Tillandsia xerographica

タ イ プ	エアー／タンク
分　布	メキシコ、グアテマラ

開花サイズ	直径　20〜40cm 高さ　15〜25cm	栽培難易度 普通	水やり 週2以上	夏の遮光 40%	花の香り なし

白い葉がカールし円形にできあがる草姿の美しい種。ワシントン条約Ⅱ類だが、グアテマラで増殖された個体が多数流通しているため入手は容易。花序を複数分岐し紫色の筒状花を咲かせる。春〜秋は屋外で栽培し発根したら流木などに活着させたり、素焼き鉢に植えると調子がよい。筆者の温室では常に株元に水をためて管理している。ただし暗い環境で水をためると腐ることが多いので、室内で栽培するときは水をためない方が無難。メキシカンキセログラフィカと呼ばれた*T.tomasellii*（トマセリー）と*T.kruseana*（クルセアナ）は、現在本種に統合されている。

ティランジア・クシフィオイデス・ファジーフォーム

Tillandsia xiphioides（Fuzzy form）

タ イ プ	エアー
分　布	アルゼンチン
開花サイズ	直径　7 〜 15cm 高さ　5 〜 12cm

栽培難易度	水やり	夏の遮光	花の香り
普通	週2以上	30%	あり

直径が3cmもある縁が波打つ大きな白花を咲かせる美種。花はさわやかで、とてもよい香りを放つ。ファジーの名称は葉の表面にトリコームが多いことが由来。成長は非常に遅いが栽培は難しくない。日照を好むので明るい環境で育てるとよい。クシフィオイデスの基本種はボリビアからアルゼンチンまで広域に分布し、全体のサイズなど個体差が激しい。黄花の変種var. *lutea*（ルテア）、var. *minor*（ミノール）、高さが30cmにもなる'Giant'（ジャイアント）などが知られる。以前本種の亜種であった茎を長く伸ばすssp. *prolata*（プロラータ）や変種であったvar. *tafiensis*（タフィエンシス P.133参照）はいずれも種として独立している。

濃いピンク色の大きな花序から白い三弁花を次々に咲かせる

ティランジア・コットンキャンディ

Tillandsia 'Cotton Candy' *(T.stricta × T.recurvifolia)*

タイプ	エアー
分　布	交配種
開花サイズ	直径　約15cm 高さ　約15cm

栽培難易度	水やり	夏の遮光	花の香り
普通	週2以上	30%	なし

ストリクタ（P.130参照）とレクルヴィフォリ
ア（P.117参照）を交配して作出された交配種。
アメリカの育種家Dimmit氏の交配による
ヒューストンシリーズの中から見い出された
白い葉の個体に、コットンキャンディ（綿飴）
の名が付けられた。非常に丈夫でよく殖え
ボール状のクランプになることも多い。花付
きもよい素晴らしい交配種だ。

トリコームに覆われた白い
葉も魅力。株が充実し環境
がよければ毎年開花する

ティランジア・カリファノ
Tillandsia 'Califano' *(T.baileyi × T.ionantha)*

タイプ	エアー	
分 布	メキシコ	
開花サイズ	直径　5 〜 12cm	
	高さ　6 〜 15cm	

栽培難易度	水やり	夏の遮光	花の香り
容易	週2以上	40%	なし

ベイレイ（P.47参照）とイオナンタ（P.87参照）の自然交雑種。
長い葉はベイレイ、開花時の赤さはイオナンタの性質を受け継
ぐ。小型でつぼ型、強健さなど両親の特長を見せる。栽培は容
易で花をよく付けクランプになりやすく入門にもおすすめ。

ティランジア・エリックノブロック
Tillandsia 'Eric Knobloch' *(T.brachycaulos × T.streptophylla)*

タイプ	エアー
分 布	交配種
開花サイズ	直径　15 〜 20cm
	高さ　15 〜 20cm

栽培難易度	水やり	夏の遮光	花の香り
容易	週2以上	40%	なし

Carrone氏によりブラキカウロス（P.52参照）
とストレプトフィラ（P.128参照）を人為的
に交配して作出された交配種。ストレプトフィ
ラの性質を引き継ぎ、形のよいつぼ型。さら
にブラキカウロスのように葉が赤くなる。両
種の特長が表現された名品と言えるだろう。

ティランジア・レクティフォリア

Tillandsia × rectifolia
(T.ionantha × T.schiedeana)

タ イ プ	エアー
分　布	メキシコ
開花サイズ	直径　10〜15cm 高さ　10〜15cm

栽培難易度	水やり	夏の遮光	花の香り
容易	週2以上	40%	なし

イオナンタ（P.87参照）と
シーディアナ（P.121参照）
の自然交雑種。草姿は葉の
長いイオナンタといった趣。
特におもしろいのは花で、
筒状花の上部がシーディア
ナの花色を受け継いで淡い
クリーム色、下部がイオナ
ンタのような紫に染まる。こ
の配色は一見の価値あり。
強健で栽培はいたって容易。
イオナンタよりは水好き。

ティランジア・ホワイトスター

Tillandsia 'White Star'
(T.ixioides × T.recurvifolia)

タ イ プ	エアー
分　布	交配種
開花サイズ	直径　15〜23cm 高さ　10〜15cm

栽培難易度	水やり	夏の遮光	花の香り
容易	週2以上	40%	なし

ティランジアの交配で有名な
Dimmitt氏によるイキシオイデス
（P.96参照）とレクルヴィフォリ
ア（P.117参照）の交配種。ロゼッ
トを上から見ると白い星のよう。
レクルヴィフォリアのように花苞
がピンクで、花弁はイキシオイデ
スの性質を継いで黄色みがかる。
強健で成長が早く栽培は容易。花
付きもよく子株を出してクランプ
になりやすい。

プロペラ状の緑花は、
夕方から夜に咲く

プセウドアルカンタレア・ヴィリディフローラ

Pseudalcantarea viridiflora

旧ティランジア・ヴィリディフローラ (former *Tillandsia viridiflora*)

タイプ	タンク
分　布	メキシコ
開花サイズ	直径　30〜50cm
	高さ　20〜30cm

栽培難易度	水やり	夏の遮光	花の香り
容易	週3以上	40%	あり

以前はティランジア属であったが、現在はプ
セウドアルカンタレア属となっている。中型
のタンクタイプでヴィリディフローラとは「緑
色の花」の意味。プロペラのような独特の緑
花は直径7〜8cmで見応えがあり、しかも蜜
のような甘い香りを放つ。暑さにも強い丈夫
な種で、プラ鉢植えにして観葉植物と同様の
扱いでよい。バークと軽石1対1の用土で植え
込み、株元には常に水をためておき用土が乾
いたら水やりする。写真の株は寒さに当てて
しまい葉を傷めてしまったもの。

ワリシア・キアネア

Wallisia cyanea

旧ティランジア・キアネア（former *Tillandsia cyanea*）

タイプ	エアー／タンク
分　布	エクアドル、ペルー
開花サイズ	直径　20〜40cm 高さ　15〜30cm

栽培難易度	水やり	夏の遮光	花の香り
容易	週3以上	50%	あり

以前はティランジア属であった
が、現在はワリシア属に分類され
ている。ハナアナナスの和名があ
り観葉植物として流通することの
ほうが多い。ピンク色の花序と紫
色の大きな花弁が見事な観賞価
値の高い種。観葉植物の用土やミ
ズゴケなどを使って鉢植えし、表
土が乾くタイミングで水を与える
とよく育ち繁殖も旺盛。夏場は強
光を避け、やや暗めの環境で育て
るとよい。斑入り品種も知られる。

ワリシア・リンデニアナ

Wallisia lindeniana

旧ティランジア・ウンベラータ（former *Tillandsia umbellata*）

タイプ	エアー／タンク
分　布	エクアドル
開花サイズ	直径　20〜40cm 高さ　15〜30cm

栽培難易度	水やり	夏の遮光	花の香り
普通	週3以上	50%	なし

以前はティランジア属であったが、キアネア
と同様にワリシア属に再分類された。細く長
い緑葉に直径6cmにもなる大輪の青花を咲か
せる美種。エクアドルの雲霧林に自生するた
め高湿度を好み、栽培下では鉢植えにして常
に用土がやや湿った状態を維持するとよい。
筆者の経験ではミズゴケを固めに詰めたプラ
鉢での栽培が最も成績がよかった。栽培環境
によってはバークチップや軽石などもよいと
思われる。夏にやや暑がるため、夏期は涼し
い場所で水やりを多めで管理する。

ティランジア用語集

あ

亜種（ssp.）
種の下に位置する区分。基本種とは外見的や生態的に差異が認められる。例えばイキシオイデスの亜種ヴィリディフローラ（P.97参照）は、*Tillandsia ixioides* ssp. *viridiflora* と表記される。

ヴィヴィパラフォーム（vivipara form）
開花後に株元からではなく花茎から子株を出して殖える形態。インターメディア（P.86参照）などがこのような形態を見せる。

園芸品種（cv.）
cultiverの略号。学術的に用いられる品種（forma/f.）とは異なり園芸的に用いられる言葉。野生から選抜された栽培品種や交配種も日本では区別されずに扱われる。例えばイオナンタの栽培品種であるイオナンタ・フエゴ（P.92参照）は、*Tillandsia ionantha* 'Fuego' と表記される。

か

カウレッセントフォーム（Caulescent form）
茎が伸びる形態。

基本種
基本となる種。例えば、*Tillandsia aeranthos*（アエラントス）は基本種。*Tillandsia aeranthos* var. *alba*（アエラントス・アルバ）は変種、*Tillandsia aeranthos* 'Mini Purple'（アエラントス・ミニパープル）は栽培品種である。

グラス系
愛好家による呼び名。バルトラミー（P.50参照）やジュンセア（P.98参照）などの、葉がシャープで草（グラス＝grass）のように見える種を指す。

さ

参考種（cf.）
特定の種や亜種と同定するには不確定な場合にconferの略号であるcf.が用いられる。例えばイオナンタと思われるが不確定である場合、*Tillandsia* cf. *ionantha* と表記される。

シードポッド（Seed pod）
種子の入ったさや。熟すと割れ、綿毛の付いている種子は風で飛散する。

た

つぼ型
愛好家による呼び名。株元がふくらみ、草姿が壷（つぼ）のような形状になること。ブルボーサ（P.54参照）やセレリアナ（P.122参照）、ストレプトフィラ（P.128参照）などがつぼ型をした種としてよく知られる。

は

ハイブリッド（Hybrid）
異なる種や属などが交雑して誕生したもの。自然下で異種が交雑したものは自然交雑種、人為的に交配させたものは交配種として区別。

品種（forma/f.）
種の下に位置する区分。フォルマとも呼ばれる。変種ほどではないが、変異が認められるもの。例えば白花品種など。フクシーの細葉の品種であるフクシー・グラシリス（P.75参照）は、*Tillandsia fuchsii* forma *gracilis* と学名表記される。

斑入り（ふいり）
葉緑素が欠如し、葉の色の一部が白や黄色などに変化する状態。突然変異で出現し、遺伝的に次世代にも受け継がれることがある。葉の縁が白く抜ける白覆輪や、葉の中央に斑が入る中斑など、斑の表現は変化に富む。

変種（var.）
種の下に位置する区分。基本種と比べると外見的や生態的な差異が認められる。varietyの略号であるvar.が用いられる。イオナンタの大型になる変種マキシマ（P.88参照）は、*Tillandsia ionantha* var. *maxima* と表記される。

ブラジル赤花種
ブラジル原産のカウツキーやスプレンゲリアナなどの近縁種の総称。実際は赤花ではなくピンクの花を咲かせるものがほとんど。

ま

未同定種（sp.）
未だ同定されていない原種（野生種）。speciesの略号であるsp.が用いられる。*Tillandsia* sp. と表記される。

や

有茎種／有茎タイプ（Stemmed plants）
茎が伸びて茎立ちになる種。

ら

ランナー（Runner）
子株を付けるために株の基部から出す長い茎。走出枝(そうしゅつし)。地表を這うものは匍匐枝（ほふくし）、匍匐茎（ほふくけい＝ストロンstolon）。

類似種（aff.）
ある種とよく似ているが、同定はされていないもの。affinisの略号であるaff.が用いられる。カピタータ類似種（P.60参照）は、*Tillandsia* aff. *capitata* と表記される。

ロゼット／ロゼットタイプ（Rosette）
茎が伸びず、株の基部から放射状に葉が出る種。

わ

ワシントン条約
絶滅のおそれのある野生動植物の種の国際取引に関する条約。CITES（サイテス）とも呼ばれる。絶滅の恐れがある野生植物を稀少性の高いものから3ランクに分け、付属書Ⅰ、Ⅱ、Ⅲにリストアップして国際的な取引を規制。ティランジアではハリシー（P.84参照）やキセログラフィカ（P.149参照）、T. *kammii*（カミー）が付属書Ⅱにリストアップされ、商取引には輸出国の輸出許可書が必要となる。

ティランジアの入手方法

ティランジアは専門店や園芸店、ホームセンターの園芸コーナーのほか、インターネット通販でも購入できます。健康な株を入手することが大切ですからティランジアのことをよく理解しているショップでの購入をおすすめします。

SPECIES NURSERY

筆者が代表を務めるSPECIES NURSERY（スピーシーズナーサリー）では植物のイベントや即売会などでの販売の他、契約ショップでの販売、通信販売も行なっている。イベントなどの詳細はホームページで常時告知しているので参照してほしい。　speciesnursery.com

日本ブロメリア協会

ティランジアを含むブロメリアの仲間を愛する人々が集う、情報交換や普及促進を目的とした会。
筆者も会員として活動中。入会に関してはホームページから　www.bromeliads.jp

主要参考文献

■ 清水秀雄・滝沢弘之.1998.ティランジアハンドブック改訂版　New Tillandsia handbook.カクタス企画社
■ Baensch.1994.Blooming Bromeliads. Tropic Beauty Publishers
■ Harry E.Luther.2008.An Alphabetical List of Bromeliad Binomials Eleventh Edition.The Bromeliad Society International
■ Lyman B. Smith & Robert Jack Downs.1977.FLORA NEOTROPICA Monograph No.14,Part2 TILLANDSIOIDEAE(Bromeliaceae).HAFNER PRESS
■ Paul T.Isley Ⅲ .2009.Tillandsia Ⅱ .Botanical Press
■ Werner Rauh.1979.BROMELIADS For Home,Garden and Greenhouse.BLANDFORD PRESS

主要参考ウェブサイト

■ Bromeliad Society International
　bsi.org/new/
■ Bromeliad Cultivar Register
　registry.bsi.org/
■ Encyclopaedia of Bromeliads
　bromeliad.nl/encyclopedia/
■ Plants of the World Online,the Royal Botanic Gardens, Kew
　powo.science.kew.org/
■ WFO Plant List, World Flora Online
　wfoplantlist.org/plant-list

━━ おわりに ━━

　私がブラジルの自生地で見たティランジアの生き生きとした姿は、今も鮮明に心に残っています。木漏れ日がさしこむ林の木々には、たくさんのティランジアが着生し、色とりどりの花が咲き乱れていました。どうしたらあのような本来の姿を日本の私の温室で再現できるのか？　今もティランジアの声なき声に耳を傾け、よく観察し些細な変化に一喜一憂する日々です。

　皆さんは植物を手に入れた時、植物の都合で育てようと考えたことはありますか？　インテリアとしてのスタイルを優先するあまり、人間の都合で薄暗い部屋の片隅に植物を飾り、少しずつ弱っていく姿を見ることはさびしいことだと思います。ティランジアは原産地ではカーテンを閉めた薄暗い部屋の中には生えていません。

　本書を読んで、あなたがこれからティランジアを育てたいと思っているとしたら、飾ることより、まずは育てることから始めてみてはいかがでしょうか。飾りながら育てるよりも普通に育てる方がずっと簡単です。少しだけ想像力をはたらかせ、植物の立場で考え、毎日少しの時間でも観察することができれば、今まで以上に上手に植物と付き合うことができるようになるはずです。ティランジアは、そんなあなたに応えて新しい葉を出して成長し、時には色とりどりの鮮やかな花を咲かせて驚かせ、子株を出して本来の生き生きとした姿を見せてくれるでしょう。

藤川史雄

[著者]

藤川史雄（ふじかわ ふみお）Fumio FUJIKAWA

佐賀県出身。園芸家、植物研究者。両親の影響で小学生のころからサボテン、多肉植物に夢中になる。個性的で魅力的な珍奇植物の普及、またその栽培のおもしろさ楽しさを伝える目的で、ティランジアをはじめとするブロメリア科植物・多肉植物・球根植物などを中心としたSPECIES NURSERY（スピーシーズナーサリー）を2001年に設立。2012年、気候が温暖な神奈川県中井町に本拠地を移転。園芸店への卸販売のほか催事などでの出店販売（藤川商店）、インターネット販売などを運営している。目標は小さくても世界一おもしろい植物のナーサリー。近著に「エアプランツとその仲間たち ブロメリアハンドブック」（双葉社）、「World Plants Report ex JAPAN」（ファンタジーワールド）などがある。

[企画・編集]

大美賀 隆（おおみか たかし）Takashi OMIKA

栃木県出身。観賞魚の専門誌「月刊アクアライフ」編集部を経てフリーランスのライター・編集者・写真家として活動。本書では企画・編集・栽培関連の撮影や一部個体撮影など制作全般を手掛ける。自宅はティランジアをはじめとしたブロメリア科植物や観賞魚であふれる。近著・編に「ベタ Betta 164品種の紹介と飼育解説」「増補改訂版ヒョウモントカゲモドキと暮らす本」（ともにエムピージェー）「Betta2020」「World Plants Report ex JAPAN」（ともにファンタジーワールド）など多数。

編集・進行　江藤有摩
撮　　　影　藤川史雄、大美賀 隆
デ ザ イ ン　株式会社アクア
写 真 協 力　上野一郎、田中雅也、山本孝彬
現地写真協力　World Plants Report ex JAPAN（ワールドプランツレポート）
協　　　力　滝沢弘之、佐藤 駿、玉川文哉、辻 幸治、中野大希、藤川恭子
協　力　店　オザキフラワーパーク、サカタのタネ ガーデンセンター横浜、プロトリーフ ガーデンアイランド玉川店、
　　　　　　Reptiles Shop EGG（爬虫類エッグ）、TILLANDSIA GARDEN（ティランジアガーデン）、
　　　　　　TORIHADA PLANTS（トリハダプランツ）、UNEVEN GENERAL STORE（アンイーブン ジェネラルストア）、
　　　　　　SPECIES NURSERY（スピーシーズナーサリー）

新版　ティランジア　エアプランツ栽培図鑑

2023年4月1日　初版発行

著　　者　　藤川史雄、大美賀 隆
発 行 人　　清水 晃
発　　行　　株式会社エムピージェー
　　　　　　〒221-0001
　　　　　　神奈川県横浜市神奈川区西寺尾2丁目7番10号　太南ビル2F
　　　　　　Tel 045（439）0160　　Fax 045（439）0161
　　　　　　https://www.mpj-aqualife.com/
印　　刷　　シナノパブリッシングプレス

©Fumio Fujikawa,Takashi Omika 2023
ISBN 978-4-909701-71-8
2023 Printed in Japan